정치적으로 올바르고 공정한 가정생활 지침서

부부만담

— 새롭게 살아남는 방법

지은이	좌백
펴낸이	박대일
펴낸곳	파란미디어
편집	임수진
교정	박준용
그림	토마
디자인	office d.e.n
주소	서울시 마포구 합정동 387-18 현화빌딩 B1층
전화	3141-5589 (FAX) 3141-5590
출판등록	2004년 9월 14일 제 313-2004-00214호
초판인쇄	2006년 8월 20일
초판발행	2006년 8월 25일
ISBN	89-91396-40-2(03040)
E-mail	paranbook@korea.com
Blog	paranbook.egloos.com

잘못된 책은 바꿔드립니다.
이 책의 무단 전재와 복제를 금합니다.
copyright ⓒ2006, 좌백

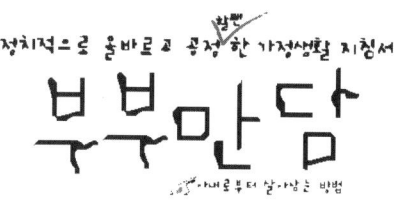

정치적으로 올바르고 공정(공평)한 가정생활 지침서
부부만담
아내로부터 살아남는 방법

경고
warning;caution;admonition
이 책을 읽고 실생활에 적용하려 할 경우 다음과 같은 부작용이 있을 수 있습니다.

여자들의 경우 지금의 평온한 삶에 만족하지 못하고 반란을 꿈꾸는 남편을
조기에 사뿐히 즈려밟을 수 있기에 행복한 노후 생활과 안락한 가정생활을 영위할 수 있습니다.
그러나 남편이나 애인의 반란을 초기에 진압 못 할 시엔 심각한 가정 파탄을 불러올 수 있으니
무력을 동반하지 못한 아내의 경우 자제를 부탁드립니다.
남자들의 경우 무한한 행복감 속에서 평화로운 가정을 꾸릴 수 있습니다.
또한 아내의 포근한 그늘 아래만이 남편의 유일한 행복이라는 진리와
아내를 잘 모시고 사는 것만이 행복한 가정생활을 이루는 삶의 지혜임을,
그리고 그것이야말로 **궁극적으로 아내로부터 살아남는 방법**이라는 것을 깨달을 수 있습니다.
단 주변 마초들로부터 일순간 소외당할 수 있으며 급성 알코올중독 증상을 보일 수도 있습니다.
하지만 어느 순간 정치적으로 올바른 스스로를 발견할 수 있으며,
모든 일에 긍정적으로 사고하는 새로운 자신을 느낄 수 있을 것입니다.
알코올중독의 경우 치유가 불가능할 수도 있으나
합법적인 음주면허증을 받았다고 생각하면 모든 것이 행복해집니다.

이런 부작용이 두렵지 않은 분들에 한해 이 책의 열람을 허가합니다.

등장인물

진산 : 일명 마님. 10년차 주부. 전업前業(?) 작가. 2002년 희대의 금서 『마님 되는 법』을 전국에 유통시켜 전 주부의 마님화를 꾀했으나 불발에 그쳤다. 현재 좌백의 시봉을 받으며 나 홀로 프로게이머의 길을 걷고 있다. (정말?)

좌백 : 일명 삼돌이. 역시 10년차 주부. 현업 작가. 주변 동료들과 DC의 무협갤에선 좌간지라 불릴 정도로 카리스마를 가지고 있으나 마님 앞에만 서면 순한 양으로 돌변한다. 현재 마님을 시봉하며 모든 작가의 적인 마감과 싸우고 있다. 취미는 술. 특기 역시 술이다.

우진 : 좌백과 진산의 아들. 작년에 그렇게 무섭다는 초딩이 되었으며 전투력은 측정 불가다. 학업 사정으로 인해 현재 외할머니와 지내고 있다.

박언니 : 모 출판사 편집장. 본인은 새초롬한 17세라고 우기지만 주변 사람들의 반응은 싸늘하다. 스스로는 좌백의 술친구라고 믿고 있으나 주변에서는 좌백의 남자첩(?)이라고 인식하고 있다. 소녀의 감성을 가진 소심한 마초다.

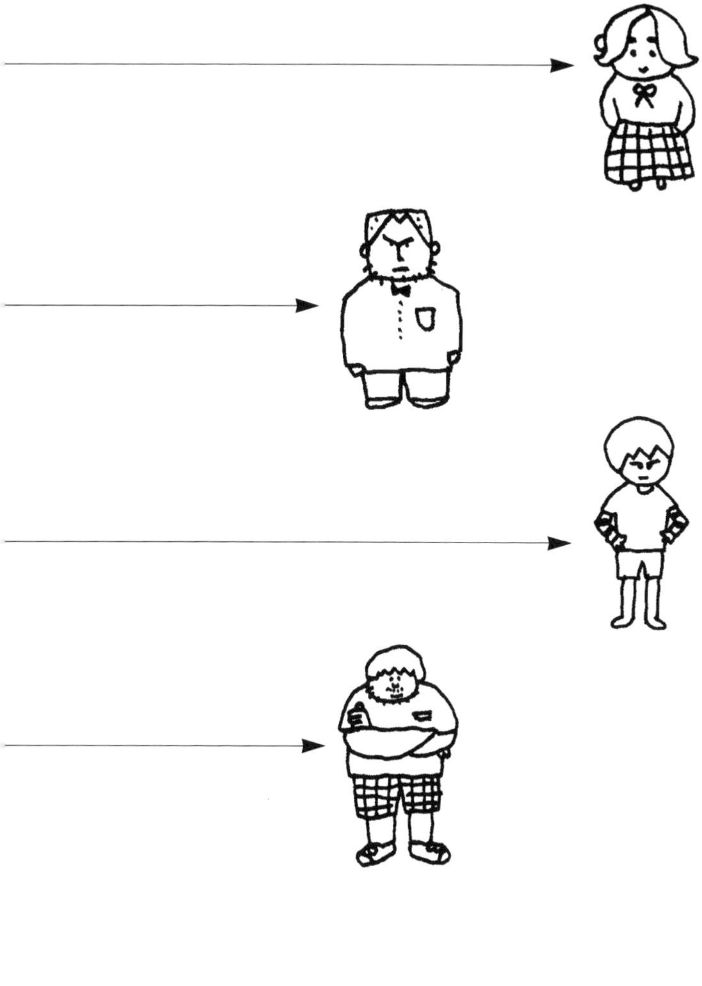

편집자 일기

이 책은 사실 출간 자체가 힘들었던 책이다.
하지만 대한민국의 건국이념이 되었고, 1948년 대한민국 정부 수립 이후 민주 헌법에 바탕을 둔 교육법의 기본 정신인 인간을 널리 유익하게 하라는 홍익인간弘益人間의 정신을 잊지 않은 저자가 정치적으로 올바르고 공정한 가정생활을 홀로 누릴 수 없어, 21세기를 살아가는 부부들에게 그 가르침을 전하기 위해 출간되었다.
라는 건 순 거짓말이고 이 책의 실제적인 출간 비화는 이렇다.

부부만담 출간 비화

부부만담 출간 건을 두고 진산과 이야기했다.

좌백 : 박언니가 책 내게 해 달라고 자꾸 조르는구려.
진산 : 이 마누라흉보개야! 그렇게 마누라 흉본 이야기를 책으로 내고 싶냬
좌백 : 흉본 게 아니라니까……. 박언니도 그러잖소. 마님 칭송 이야기라고.
진산 : 쳇, 좋아. 박언니가 당신 첩이라는 걸 인정하는 에피소드가 들어간다면 책으로 내도 좋소.
좌백 : 걔가 왜 내 첩이야……. OTL
진산 : 박언니 전화만 오면 쪼르륵쪼르륵 나가잖소! (버럭)
좌백 : -_-; 일단 전화는 해 보지.

박언니 : 아, 책 앞 등장인물 소개에 그렇게 밝혀 두려고 이미 계획하고 있어요.

좌백 🐻 : 네가 왜 내 첩이냣~! OTL
박언니 😺 : 그러게 말이에요……. OTL
좌백 🐻 : 하여간 그렇대.
진산 🐷 : 어쩔 수 없구려, 쳇.

이리하여 책을 출간하지만, 정치적으로 올바르고 공정한 가정생활을 누릴 수 있다는 것엔 거짓이 없다. 물론 앞서 주의 사항에 적은 대로 약간의 부작용은 있을 수 있다. 하지만 모든 도전엔 시련이 따르는 법이고 고난 없는 행복은 없는 법이다.

웃을 준비가 되셨다면 다음 장을 넘기시길. 당신의 행운을 빈다.

삼돌이로 살기

'언제부터인가 나는 마님이라고 불리기 시작했다.'
우리집 마님, 그러니까 내 부인인 진산의 저작들 중 하나인 『마님 되는 법』은 저 문장으로 시작된다. 나도 이렇게 시작해야 할 것 같다.

언제부터인가 나는 삼돌이라고 불리기 시작했다. 아마 진산이 마님이라 불리기 시작한 시기와 같을 것이다. 『마님 되는 법』이 나오면서부터는 전국적으로 공인된 삼돌이가 되어 버렸는데, 『마님 되는 법』을 내기 전에 진산은 "이거 정말 책으로 내도 돼?"라고 걱정스럽게 물었다. 내라고 했다. 나, 삼돌이라 불리며 산다는 게 알려진다. 그래서 뭐? 부부가 다 전업 작가이니 공평하게 하자면 집안일도 나누어서 해야 할 것 같다. 하지만 우리 집은 대부분 내가 한다는 것도 알려진다. 역시 그래서 뭐? 자랑하고 다닐 일도 아니지만 딱히 숨겨야 할 일도 아니지 않은가.

나는 사실 『마님 되는 법』에 담긴 이야기들이나 이 책에 있는 이야기들이 사람들의 흥미를 끌고 재미있게 읽히기도 한다는 사실이 놀라울 때가 있다. 집집마다 재미있는 이야기는 다 있지 않은가. 모두들 각자만의 특별한 방식, 특별한 이야기가 있는 게 당연하지 않나.

세상에 10억 쌍의 부부가 있다면 그건 10억 쌍의 특별한 부부들이 있다는 뜻 아닌가. 어느 부부도 똑같지 않다. 세상에 하나밖에 없는 특별한 사람과, 마찬가지로 세상에 하나밖에 없는 특별한 또 한 사람이 결합해 만드는, 세상에 하나밖에 없는 부부가 10억 쌍 있는 것이다. 그러니 이렇게 말할 수 있을 것이다. 10억 쌍의 부부가 있고, 10억 개의 특별한 결혼 생활이 있고, 10억 개의 특별한 이야기가 있다고.
마님과 삼돌이로 꾸려 가는 우리의 결혼 생활은 그런 결혼 생활 중 하나고,

이 책은 그런 이야기 중 하나다. 하나하나 다르다는 점에서는 남 못지않게 특별한, 그러나 10억 쌍이나 있다는 점에서는 남만큼 평범한, 그런 부부 이야기다.

홈페이지에 가끔 올렸던 사소한 잡담들이 토마님의 훌륭한 삽화까지 더해져서 책으로까지 나오게 되니 한편 기쁘면서도 다른 한편 출판사에 손해나 안 주려나 걱정스럽다. 박언니가 본전 뽑고 술 한잔 마실 만큼은 팔려야 할 텐데…….

책이 나오기까지 수고해 주신 모든 분들에게 감사드린다. 홈페이지에 오셔서 댓글 달아 준 모든 분들께도.

조백드림.

> **추신**: 이 머리말을 보냈더니 박언니가 삼돌이로 살아서 좋은 점을 더 써 달라고 했다. '그런 게 있을 리가…….'라고 대답했다. 사실은 삼돌이로 살아 보지 않은 부부 생활은 한 일이 없어서 다른 방식에 비해 좋은지 나쁜지 비교할 기준이 없다. 다들 각자 좋은 방식대로 사는 거 아닌가?
> 부부란 이래야 한다는 통념을 깨뜨려 버리면 각자의 위치에서 조금 더 편한, 조금 더 자연스럽고 어울리는 방식을 찾을 수 있을지 모른다.
> 우린 그렇게 한 것뿐이다.

목차

등장인물	06
편집자 일기	08
삼돌이로 살기	10

1장 시련과 적응 – 삼돌이는 어떻게 단련돼가는가?

농담	19
내 소개	20
코코	21
복	22
자기정체성	23
라면	25
이발	27
요요	28
양복	29
악몽	30
셔터맨	32
알코올램프	34
진산의 생일	35
좌백의 생일	36
절주령	37
감자 선택법	38
언제나 결론은	39
음주법	40
공통점과 차이점	42
커피 마실래?	43
애정운	44
마님이 커피 마시는 법	46
산책	47
고맙쥐?	50
곰국	51
어부어부	52
평가1	54
평가2	55
덫	56
두 배로	57
물잔의 비밀	58
마님의 정체	61
칫솔1	63
블로그	64
칫솔2	66
냉면	67
배고파!	69
상추쌈	71
불신 혹은 확신	72

2장 생존과 진화 – 마님을 모시고 산다는 것

화장품 냄새 ········· 75
주부 근성 ········· 76
한상운식 ········· 78
귀여워 ········· 79
개 차듯이 ········· 80
헬스클럽 ········· 81
눈을 떠 ········· 83
행운아! ········· 84
뽀대 ········· 86
러닝머신 살인 사건 ········· 87
사랑해! ········· 88
살 빠졌네? ········· 89
심부인의 요리사 ········· 90
찍! ········· 91
손발이 오그라들다 ········· 92
깔끔 떨기 ········· 93
조기교육 ········· 96
순장 ········· 97
짐 싸는 쪽 ········· 100
콩나물국 ········· 101
동의 ········· 102
마님의 귀환 ········· 103
바보 천치 ········· 104
진정한 주부 ········· 106
수영 ········· 108
오토바이 ········· 112
프로 게임단 ········· 113
고장 난 전축 ········· 114
현실성 ········· 115
파출부 ········· 116
마녀 ········· 117
우렁각시 ········· 119
왜 낳았어! ········· 120
생일 전화 ········· 122
파이팅! ········· 124
아들 교육 ········· 126
억울하다 ········· 130
바보 ········· 132

목차

3장 농담과 일상 - 삼돌이는 행복하다

시트콤 인생	135
결혼	136
팬 서비스	137
지인만담	138
스타리그	140
인생이란	144
크루즈 여행	145
박진감 넘치는 경기	146
영월에서	148
날 잊어 줘	150
W.C.	151
명함	152
개그 장르?	153
도공의 혼	154
전화	155
마님 되는 법	158
도둑	159
메뉴	161
테마가 있는 여행	162
반상의 법도	166
살인의 기술	167
발레리나	168
요리는 예술이다	170
장군의 심정1	171
이혼 상담	172
장군의 심정2	174
양심 업ㅂ은	175
누가바? 누가 봐?	176
부모 걱정	178
아들에게 들켰어요	179
장땡	180
맞놀이 부부	181
인질	182
발가락이 닮았다(?)	183
가족만담	184
발가락이 닮았다2	185
재롱	186
우진이는 알고 있다	188
뽀큐	190

4장 독촉과 마감 – 대한민국에서 작가로 산다는 것

작가란	193
약속1	194
우리 집에 왜 왔니 왜 왔니 왜 왔니?	195
약속2	196
확인	197
뒷담화	199
울고 싶은 심정	201
길 찾기	202
장밋빛 세상	205
아부냐 찬사냐?	206
찬사	210
I-로맨스	211
작가들의 악평	212
죽작가란	214
호오가 분명하다	216
아으	218
글이 안 써지는 이유	219
마감은 괴로워	220
메일	222
그리고 마지막 이야기	223

이땅의 모든 삼돌이 남성들에게 바칩니다.

by 죠빽

1장
시련과 적응

삼돌이는 어떻게 단련돼 가는가?

인간은 어떤 시련에도 적응할 수 있다.
시련처럼 보이지만 알고 보면 그걸 즐기고 있는 경우 더욱 그렇다.

농담

진산 : 여보, 사랑하오.
좌백 : 갑자기 왜 그런 소리를……?
진산 : 문득 농담을 하고 싶어져서.

내 소개

뒤늦게 진산의 '마르스'에 있는 내 소개를 발견했다.

좌백
클래스 : 진산의 남편
전투력 : 5천만
특기 : 술
취미 : 술
좋아하는 것 : 술
잘 먹는 것 : 술
서식처 : 백림원
용모 : 성질 더럽게 생겼음

이렇게 사람을 정확하게 묘사할 수가……. orz

참고로 진산이 써 놓은 자기소개의 전투력은 **35억**이었다. -_-

복

진산 : 당신은 복스럽게 생긴 것도 아니고, 늘 찌푸리고 있으니 복 들어올 표정을 하고 있는 것도 아니고, 복스럽게 먹는 것도 아니고, 복 받을 일을 하는 것도 아니고……. 대체 당신이 무슨 행운으로 나랑 결혼했는지 모르겠소. 아무래도 그나마 조금 있는 복이라도 쥐어짜고 짜고 마지막 한 방울까지 짜내서 나랑 결혼하는 데 쓴 게 분명해.
좌백 : …….
진산 : (인상을 쓴다) 그 표정은 뭐지? 내 말이 틀렸다는 건가?
좌백 : (얼른 표정을 바꾸고) 진심으로 동감한다는 표정이오.
진산 : 그럼 다행이고.

자기정체성

진산이 내 방문 앞을 왔다 갔다 하며 울부짖는다.

진산 : 배고파~! 배고파~!
좌백 : ……. (묵묵히 컴퓨터만 보고 있다)
진산 : (들여다보며) 뭐 '해'?
좌백 : 못 들은 척 '하고' 있소.

다른 날.
진산이 들어와 멱살을 잡고 짤짤 흔든다.

진산 : 배고프다~! 밥 차려 내놔랏~!
좌백 : 내가 이 집 식돌이냣~!
진산 : (한 치의 망설임도 없이) 그렇닷~!
좌백 : -_- 그랬군. (일어나며) 자기정체성을 잊고 있었소.

또 다른 날.
스타크래프트를 하고 있는 뒤로 와서 들여다보며.

진산 : 여보, 여기 메뉴 키를 클릭하면 게임이 잠시 멈춘다오.
좌백 : 그래서?
진산 : 나 밥 차려 주고 돌아와서 계속해도 된다는 거지.
좌백 : -_- (일어난다)

술을 마시던 중이거나 숙취에 시달리고 있을 때, 게임을 하고 있을 때나 글을 쓰고 있을 때를 막론하고 밥을 차려 달라고 하는 데 망설임이 없는 진산.
생각해 보니 내가 만약 그런다면 여자가 매우 괴로울 거라고 가정했던 바로 그 상황 아닌가. 의외로 그리 괴롭지 않군.
다행히 자고 있는데 깨워서 밥 차리라고는 하지 않는다. 일말의 배려일지도…….

라면

진산이 자는 틈에 라면을 끓였다.
어렸을 땐 몇 개고 먹었건만 나이 들면서 싫어져서 그냥 라면은 못 먹는다. 물 끓자 라면(삼*라면) 넣고 스프 넣고 깻잎 썰어 넣고 대파도 넣었다. 근무하는 회사 바로 전면 빌딩에 와이드스크린이 하나 설치돼 있다. 그놈이 밤낮으로 삼*라면 선전을 한다. 반복 학습이라고나 할까. 그놈 볼 때마다 라면이, 그것도 삼*라면이 먹고 싶어진다. 그래서 먹었다. 안 먹은 사람들에게 한마디 하고 싶다. 광고의 힘은 역시 무섭다. -_-

어쨌건 라면 먹는데 진산이 일어났다. 진산은 흘끗 내 쪽을 쳐다보곤 방에 들어가더니 컴퓨터를 점검하고 다시 돌아와 잔다. (다행이다) 그러고는 한 시간 후에 깨서…….

진산 : 꿈을 꿨어. 당신이 라면을 끓여서 맛있게 먹고 있는 꿈.
좌백 : 개꿈이야. 봐, 당신 머리맡에 개가 돌아다니잖아. (마침 요요가 알짱거리고 있었다)
진산 : 아냐, 냄새가 좋은 것이 아무래도 그냥 개꿈은 아닌 것 같아. 냄새가 진짜 좋았다니까.
좌백 : 그럴 리가 없는데!
진산 : 설거지통을 확인해 볼까!
좌백 : -_- 삼*라면으로 끓여 줄까, 아님 안*탕면?
진산 : 안*탕면.
좌백 : (라면을 가져와 끓여 준다)

진산 : 후루룩 짭짭……. (라면을 다 먹은 후) 냠……. (젓가락 끝을 입에 물고 무언가 부족하다는 눈빛으로 좌백을 본다)

좌백 : (말 나오기도 전에 버럭 화를 내며) 라면에 말 밥은 당신이 챙겨 와! 나한테 그것까지 시키면……, 시키면……, 삐쳐 버릴 테요!
진산 : (하는 수 없이 아래층으로 가서 밥을 가져온다)

진산 : (밥 다 먹고 라면도 다 먹고 만족스럽게 트림을 한다)
좌백 : (소리를 듣고 아하하하하 웃다가 문득) 당신 처녀 적에도 지금이랑 똑같았지. 아줌마가 돼서도 똑같은 걸 보니 참 즐겁구려.
진산 : (좌백을 걷어차기 시작한다)
좌백 : (평상심으로) 그래, 나이 든다고 변하면 당신이 아니지. -_-
(이런 것도 처녀 때랑 똑같아)

이발

근 1년 만에 이발을 했다. 어깨까지 내려오는 장발을 깨끗하게 밀어 버렸다. 덥고, 지저분해서였다.

미용실 가기 전.

이발하고 돌아오자.

※ 바버 - 바보의 의도적인 왜곡이다. 두배쯤 더 바보같이 느껴진다.

진산 : 어이, 재소재! 박박 깎은 모습이 딱 재소자구려.
좌백 : -_-) 하긴 내가 봐도 무섭소.

요요도 털을 밀었다. 어릴 때부터 피부병이 있었는데 치료를 해 봐도 낫지 않아서 그동안 대충 방치해 두다가 서울 올라온 김에 다시 치료를 시작했기 때문이다. 미용실 다녀와서 더 흉해지는 건 요요밖에 없을 거다. 요요가 내 방에 와 있는 걸 지나가던 진산이 보고는 절규.

진산 : 우리 집 털 깎은 것들은 왜 이리 흉악한 거닷!
좌백 : -_-;;
요요 : -_-;;

요요에게 약을 먹이기 위해서 강아지용 통조림을 사 왔다. 닭고기와 쇠고기, 칠면조고기, 쇠고기와 치즈 등 다양한 조합으로 돼 있는 통조림이다. 그걸 먹고 있는 요요를 보고 진산이 달려와 협박한다. 아니, 조른다.

진산 : 나에게도 요요한테 준 것처럼 맛난 것을 내놓아랏!
좌백 : 강아지용 통조림을 달라는 거요?
진산 : 뭐가 됐건, 그에 준하는 맛난 것을 내놓아랏!
좌백 : 닭고기와 쇠고기? 아니면 쇠고기와 치즈?
진산 : 칠면조라도······.

양복

집에 양복 윗도리가 하나 있다.
날이 추워지면서 티셔츠 위에 그걸 걸치고 나가는데…….

진산 : 아니, 그 옷은 언제 산 거야? 그렇게 예쁘게 꾸미고 누구 꼬시러 다니는 거낫!

재킷 하나 걸쳤다고 예뻐 보일 수도 있는 것이군, 생각했지만……. 하여간 문제는 그게 아니다.

좌백 : 이거 장인어른이 주신 거잖소! 그리고 그게 2년 전의 일이라고! 그동안 대체 뭘 본 거요?
진산 : (찔끔하며 중얼거린다) 워낙 관심이 없다 보니…….
좌백 : ……. (젠장)

악몽

좌백 : 악몽을 꿨소. 어느 날 눈을 떠 보니 노숙자 신세가 되어 거리에 뒹굴고 있는 거야. 가만히 생각해 보니까 알코올중독으로 행패를 부리다가 당신한텐 이혼당하고, 아는 사람들도 피하게 되어 떠돌다가 술 사 먹을 돈도 없어서 자연 치유가 된 거지. 어찌어찌 전화비를 마련해서 집에 전화했더니 없는 번호입니다 소리나 나오고, 박언니한테 전화했더니 그새 큰 출판사 사장이 됐는지 모르는 목소리의 비서가 전화를 받더군. 좌백이라고 말하면 알 거라고 했더니 그런 사람 모른다는데요 하는 거야.

진산 : 슬펐겠구려. 본처보다 첩한테 버림받는 게 더 슬프지. 하지만 원래 본처보다 첩이 먼저 떠나는 거라구.

좌백 : 박언니가 왜 내 첩이야……. -_-

진산 : 어쨌건 예지몽을 꿨구려. 축하하오. 당신에게 드디어 예지 능력이 생긴 거요.

좌백 : -_-

진산 : 걱정 마시오. 어지간하면 안 쫓아낼 테니. (고개를 돌리고, 즉 방백 포즈로) 훗, 절대 안 쫓아낸다는 말은 않는다.

셔터맨

내가 아는 사람 중에 아주 특이한 사람으로 기억되는 분이 있다. 내 대학 동기의 아버님이다.

이분은 서울대 철학과를 졸업하셨는데 직업이 수필가고 취미로 도예와 일본 요리를 하신다. 직접 만든 일본 요리를 직접 만든 그릇에 담아 내놓는 게 취미 생활의 정점이라고 한다. 한번은 놀러 가서 대접을 받은 일이 있다. 정통 일식집의 음식과 비슷한 맛이긴 했다. 즉, 내 입맛에는 아주 맛이 없었다.

하여간 실제로는 돈을 못 버는 거다. 수필집이란 자기 돈으로 내는 게 보통이니까. 생활은 부인, 즉 내 동기의 어머니가 약국을 운영해서 꾸려 나간다. 쉽게 말해, 부인이 약사인 셔터맨인 거다.

이분이 하루는 내 대학 동기, 즉 자기 아들을 앞에 앉혀 놓고 이렇게 말씀하셨다고 한다.

내 꿈이 원래 셔터맨이었어. 하지만 그거 되기가 쉬운 줄 아나? 삼류 대학 철학과 출신인 너처럼 장래성 없어 보이는 남자에게 누가 시집을 오겠어? 더군다나 약사나 의사, 변호사 정도의 전문직 여성이면 더욱 안 그렇겠지. 나는 달랐다. 졸업 후 좋은 회사에 취직해서 열심히 일했다. 장래성 있는 사람으로 보이기 위해 최선의 노력을 했다는 거다. 그리고 드디어 너희 엄마를 꼬셔서 결혼한 후에야 그만뒀지. 봐라. 지금 내가 얼마나 행복해 보이니. 너도 나처럼 행복을 쟁취하기 위해서는 노력을 해야 한다는 거다, 내 말은.

인생과 행복에 대해서 대단히 특이한 관점의 소유자시다. 이렇게 자기 자신에게 확신을 가지고 있는 분은 드물 거라는 생각도 든다. 아무튼…….

좌백 : 내 블로그의 셔터맨이라는 글 봤소?
진산 : 봤소. 멋진 인생관이더구려. 모름지기 인생이란 그래야 하는 법이지.
좌백 : 자세히는 안 썼지만 이혼당하지 않기 위해 애 하나 낳은 다음에 본격적으로 셔터맨이 됐다는구려.
진산 : 하하하……. 하지만 설마 그 밑에 쓴 대로 날 일 시키고 당신은 셔터맨을 하겠다는 건 아니겠지? -_-++
좌백 : 아……, 물론 농담이지. 그런데 만약 정말로 내가 그런다면?
진산 : **셔터 밖으로 쫓아내겠소.**
좌백 : -_-;
진산 : 인간에겐 지배계급과 피지배계급이 있소. 지배계급은 유희와 예술로 인생을 살고 피지배계급은 노동으로 지배계급을 받쳐 주는 거지. 이건 타고나는 거지 노력으로 어쩔 수 있는 일이 아니라오. 우리 집에서 지배와 피지배 관계가 어떤지는 잘 알잖소. 일이나 하시오!

진산의 생일

진산의 생일 전날 저녁에 생각이 나서 오랜만에 뭐 선물이라도 할까 하다가 좋은 생각이 떠올랐다.
"여보, 올해 생일 선물을 정했소. 성능 좋고 멋진 노트북을 사 주겠소. 꼭 사 주게 해 주시오."
진산이 주먹을 내밀어 보이며 말했다.
"죽어~!"

9년 전, 생일 선물로 디아블로1 정품을 사 준 후 내가 더 빠져서 했던 원한을 아직도 못 잊고 있나 보다. 그 후로 틈틈이 진산에게 노트북을 생일 선물로 사 주고 싶다는 간절한 염원을 호소해 봤지만 소용없었다. -_-

그러다가 새벽이 되자 진산이 나와서 말했다.
"생일 선물로 받고 싶은 게 생각났소. 짜파게티를 끓여 주시오."

나는 부르짖었다.
"젠장, 고작 짜파게티 따위를 선물해야 하다니~! 그건 내 능력에 대한 모욕이야~! 제발 노트북을 선물하게 해 줘~!"

좌절 포즈까지 취해 가며 노트북을 갖고 싶어하는 진산에 대한 사랑을 호소하는 처절한 모습을 연출했지만 진산은 흔들리지 않았다. 진산은 사무적인 어조로 이렇게 말했다.
"삶은 계란을 반드시 올려서 가져와."

끓여 줬다. 삶은 계란 올려서. -_-

좌백의 생일

한참 걷어차이다가 못 참고 버럭.

좌백 : 생일날 사람을 이렇게 패도 되는 거닷!
진산 : 생일에 별다른 의미 안 둔다며! 평소처럼 대하는 거댓!
좌백 : 평소보다 더하잖낫! 평소만큼만 해랏!
진산 : 그나저나 오늘이 마감 아니었나? 이렇게 술만 마시고 있어도 되는 거요?
좌백 : 마감은 내일일세. 그래서 술 마시는 거지. 슬퍼서.
진산 : 쯧쯧……, 생일 다음 날이 제삿날이 되겠구려. (좋아한다)

한숨.

절주령

진산이 절주령을 내렸다. 하루 걸러 하루씩만 술을 마시라는 거다. 그래서 그렇게 하고 있다. (물론 지금은 안 한다. -_-) 며칠 후 아침에 나눈 대화.

진산 : 당신 절주령은 잘 지키고 있겠지?
좌백 : 물론.
진산 : 어제 술 안 마시는 날인데 마셨잖아! (불어랏)
좌백 : 안 마셨소.
진산 : 새벽에 보니까 술에 취해 자고 있던데? (증거가 있는데, 이것이)
좌백 : 오늘 마신 거요.
진산 : 오늘?
좌백 : 12시가 넘기를 기다리고 있다가 5, 4, 3, 2, 1, 땡! 만세! 날 바뀌었다! 벌컥벌컥. 이렇게 된 거지.
진산 : @_@???
좌백 : 날 지났으니 어제가 아니라 오늘이라는 거고, 오늘은 마셔도 되는 날이니 절주령을 어긴 건 아니라는 거지. 어젠 박언니가 초록불님 만나서 맥주 한잔 한다고 같이 마시고 가라고 꼬시는데도 '안 돼, 오늘은 못 마시는 날이야, 놓아라 사탄아.' 이러고 그냥 왔소. 이건 칭찬받아도 될 일이라고 생각하오.
진산 : 하지만 오늘 저녁에 또 마실 거잖소? 12시 되기 전에.
좌백 : 아마도.
진산 : 12시 딱 넘으면 마시고, 술 깬 뒤 12시 되기 전에 실컷 마시고, 그 다음 날은 그 술기운으로 버티고 있다가 다시 12시 넘으면 마시고……. 이건 뭔가 절주령 내리기 전과 다름없는 술 마시기 패턴 같아. 뭔가 속는 느낌이……. -_-;;;
좌백 : 그래도 24시간은 깨끗하게 술 끊고 있잖소. 훌륭하잖소. (당당)

감자 선택법

진산과 함께 대형 마트에 가서 감자를 고르고 있었다. 내가 굵은 감자 몇 알이 담긴 봉지를 집자 진산이 잔 감자 여러 알이 담긴 봉지를 집으며……

진산 : 이쪽이 수가 많고 값은 싸니까 그쪽보다 이득 보는 거 아냐?
좌백 : 그쪽은 껍질 벗기기가 힘들잖아. 작은 거 여러 개 벗기는 것보다 큰 거 한 개 벗기는 게 낫단 말야. -_-
진산 : (감탄하며 좌백의 어깨를 두드려 준다) 미안하오, 여보. 주부의 고충을 몰랐소.

언제나 결론은

진산 : 피곤해.
좌백 : 왜 피곤해? 피곤할 일을 한 게 없는 것 같은데?
진산 : 글쎄 말이야. 왜 피곤할까? (곰곰 생각해 보고는) 병에 걸린 게 틀림없어. 난 백혈병에 걸린 연약한 소녀……. 아니, 아줌마인 거야. 연약연약. 아~, 쓰러질 것 같아. (이러면서 실제로 기대 온다. 헬스클럽 가는 도중의 길거리에서 -_-)
좌백 : (부축하며) 백혈병은 아닐 거요. 음……, 이유 없이 피곤한 건 주로 간 질환이 있을 땐데……. 지방간인가? 아니지, 당신은 술도 안 마시잖아.
진산 : 간접 음주 때문인 게 틀림없어. 당신이 술 마실 때마다 냄새가 풍겨서 간접 음주를 한 거야! 책임져랏!

결국 모든 건 내 책임으로 돌아온다. OTL

음주법

몇 년째 독작을 즐기다 보니 요즘은 나가서 술 마시는 게 귀찮다. 아주 마음에 드는 멤버들하고가 아니면 술자리 자체가 꺼려지는 판이다. 그래서 써 보는 좌백식 음주법.

1. 안주를 뭘로 할까 정한다. (반찬을 겸해야 하므로 주로 찌개류의 요리가 된다) 순두부찌개로 정했다.
2. 나가서 순두부와 호박, 사과, 하드를 사 온다. (사과와 하드가 어떻게 사용될지는 나중에 나온다)
3. 요리를 시작하기 전에 술 마시며 읽을 책을 고른다. (근래 모모님에게 얻은 클라이브 커슬러의 '잉카 골드'로 정했다)
4. 양념장을 만든다. (고춧가루, 간장, 깨소금, 다진 마늘, 참기름 등)
5. 냄비에 기름을 두르고 양념장을 볶는다.
6. 냄비에 물을 붓는다.
7. 양념장 만들 때 썼던 그릇을 씻는다. (어차피 나중에 내가 할 일이므로)
8. 끓기 시작한 냄비에 호박과 돼지고기를 넣는다. (돼지고기 안 넣는 게 보통인 것 같지만 내가 좋아하기 때문에)
9. 순두부를 넣는다. 순두부 봉지를 개봉할 때와 호박 자를 때 쓴 칼을 씻는다.
10. 소금으로 간을 한다.
11. 맛이 안 나므로 미리 사 둔 고추기름을 조금 넣는다.
12. 밥 반 그릇과 순두부찌개, 소주 한 병을 가져와서 먹고 마신다.
13. 밥을 다 먹는다. 밥그릇을 가져가서 씻어 놓는다.
14. 순두부찌개를 안주 삼아 술을 계속 마시다가 한 병이 비워지면 찌개 그릇도 가져가서 씻어 놓는다.
15. 소주 한 병을 더 가져온다. 가져오는 참에 하드도 하나 가져와 안주로 삼

는다. (근래 '바나나 별하나' 라는 하드가 안주로 좋다는 걸 발견했다)
16. 하드를 다 먹으면 이번엔 사과를 가져와서 안주로 삼는다.
17. 술 마시는 틈틈이 빈 병, 병뚜껑, 하드 봉지, 막대 등을 쓰레기통에 버린다. 즉, 최대한 상 위를 깨끗이 한다. 놔둬도 어차피 나중에 내가 치워야 한다.
18. 진산이 나와서 밥 차리라고 한다. -_- 찌개 데우고 계란말이 만들어서 상 차려 준다.
19. 밥 먹는 진산 옆에서 사과를 안주 삼아 술 마신다.
20. 진산이 다 먹으면 상 치우고 설거지한다.
21. 빈 소주병 두 개를 가져가서 재활용 쓰레기 봉지에 넣고 맥주 한 병을 가져온다.
22. 맥주에 미리 사 둔 스카치블루를 섞어서 폭탄주를 만들어 홀짝거린다.
23. 쓰러져 잠든다.
24. 아침에 일어나 남은 설거지거리, 청소거리를 치운다. (사과 자를 때 쓴 과도, 사과 껍질, 빈, 혹은 남은 잔, 맥주병, 물기 닦을 때 쓴 행주 등등)

이렇게 혼자 마시면 간편하고 깔끔하니 나가서 마시는 게 싫다. (-_)

공통점과 차이점

잠든 줄 알았던 진산이 부스스한 얼굴로 와서 무릎 위에 올라와 답삭 안기고 말한다.

진산 : 졸린데 잠을 못 자겠어. 잠이 안 와. 잠이 올 때까지 당신이나 괴롭히며 놀테닷! 잠투정! 잠투정! 칭얼칭얼! 자게 해 주랏! 자장가를 불러랏! 토닥토닥해 주랏! 둥개둥개 해 내놔랏!
좌백 : 당신과 요요의 공통점을 알겠소. 둘 다 세상에서 자기가 제일 귀여운 줄 안다는 거지.
진산 : (……) 차이점도 있소. 요요는 그 확신이 사실과 일치하지 않지만 나는 일치한다는 거지.
좌백 : (……)
진산 : 아니라는 건가?
좌백 : 맞아, 맞아. (고개를 돌리고 작은 소리로) 살아야 해, 살아야 해.

커피 마실래?

진산 : 커피 마실래?
좌백 : 응.
진산 : 뭐라고? 잘 안 들려.
좌백 : 마신다고.
진산 : 잘 안 들려~어.
좌백 : -_- 내가 탄다고.
진산 : (갑자기 목소리를 낮추며) 그럼 그러시오. 난 뜨거운 걸로 부탁하오.

애정운

재미로 본 내 애정운에 묘한 문장이 들어 있었다.

진산 : (으스스한 분위기를 풍기며 방으로 들어와) 그래……, **애정운은 나쁘지 않은데 처복이 없다** 이거지?
좌백 : (굳음) 난 결코 거기 동의하지 않는다니까.
진산 : (탁자에 손을 올리고) 이거 왜 이러나! 솔직히 불어, 패기전에. 그렇게 생각하고 있잖아!
좌백 : (고개를 흔든다) 결코 아냐. (진지한 표정으로) 내가 평생 잘한 게 거의 없지만 딱 하나 잘한 게 있다면 그건 당신과 결혼한 것이라고 생각하고 있소.
진산 : (씩 웃으며) 스릴 넘치는 인생이 되어서?
좌백 : (무심코) 그렇지. (끄덕)
진산 : 캬오오~! (의자를 들어올린다)

마님이 커피 마시는 법

1. 밖에서 내가 커피 끓이는 소리가 날 때까지 기다린다. 소리가 나면 방에서 외친다.
   "나도~!"

2. 커피가 마시고 싶은데 내가 끓이기 시작할 때까지 기다리기 어려우면 내 방으로 와서 말한다.
   "커피 마시고 싶지 않소? 커피 마시고 싶어질 텐데?"
   내가 반응을 보이지 않으면 흉기로 사용할 게 없나 찾으면서 계속 말한다.
   "이상하다……. 커피 마시고 싶을 텐데?"
   나는 하는 수 없이 일어나 커피 끓이러 간다. 마님은 기뻐한다.

3. 스스로 커피를 끓이는 척한다. 그러면서 묻는다.
   "커피 마실래?"
   생각 없다고 대답하면 위 2번으로 간다. 마시겠다고 말하면 43페이지 '커피 마실래?'로 간다. OTL

산책

08:30
진산에게 "산책이나 갈까?" 제안했다. 진산이 차라리 헬스클럽으로 가자고 했다. 없던 일로 하자고 하고 돌아왔다.

09:00
심심해서 다시 진산에게 갔다. 진산이 게임을 끄고 나오더니 산책 가자고 했다. "좋아, 놀아 주쥐."라고 했다.

09:10
집 앞 골목으로 나오자마자 진산이 말했다. "어부어부*!" 나는 말했다. "그냥 들어가세." 정말 산책을 포기할 생각이었지만 진산은 내 어깨를 토닥토닥. "뭘 그 정도 가지고 그러나. 이왕 나선 거 그냥 가 보세." 그래서 출발했다.

09:20
합정역까지 왔다. '선유도공원 1.5㎞'라는 표지판이 있다. 진산이 울먹이며 말했다. "1.5㎞나 더 가야 하는 길로 날 끌고 온 거야? 어떻게 내게 이럴 수 있어?"

09:25
양화대교 입구 카페 '테라스' 앞까지 왔다. 길이 묘하다. 반쯤 그리다 만 것 같은 횡단보도로 (즉, 알아서 건너가라는 표시) 차도를 두 번이나 가로질러서 걷다 보니 세 번째 그리다 만 횡단보도가 나왔다. 그 앞은 양화대교다. 즉, 다리 위로 가야 하는 거다. "잘못 온 게 분명해. 책임져!" 진산이 타박을 시작했다. "그냥 돌아가세." 돌아서 나오다가 도로변 부스 안에 앉아 있는 안내원(거기 왜 안내원이 있는 건지는 모르겠다)에게 물어봤다. "선유도공원 걸어서 가려면 어디로 가나요?" 안내원이 대답했다. "양화대교 중간에 내려가는 길이 있어요." 진산에게 물어봤다. "다시 가 볼까?" 진산이 고개를 저었다. "관두세. 갔다 돌아올 일이 까마득하네." 한숨 쉬며 말하기에. "그럼 박언니네 사무실 가서 차나 한 잔 얻어 마시고 갈까?"

09:30
카페 테라스 앞에서 왼쪽으로 돌아 박언니네 사무실 가는 길을 찾기 시작했다. "근데 어디로 가더라? 늘 우리 집 쪽에서 오다가 여기서 가려니 잘 모르겠는걸." 진산이 말했다. "못 찾는다는 게 확정되는 순간 등 대!"

09:35
골목 안을 이리저리 헤매다가 말했다. "아무래도 그냥 집으로 가야 하려나 보오. 차라리 사람 없는 여기서 업히시오." 진산이 거부했다. "조금 더 확실해지면 그때 당당하게 업혀 갈 테다." 다음 순간 찾았다. 진산이 외쳤다. "아뿔싸! 그냥 업힐걸!"

09:40
박언니네 사무실로 들어갔다. 직원이 청소하다가 놀라 자지러졌을 뿐 박언니가 아직 출근 안 했다. (-_-) 'esFORCE'와 '식객 10권'을 챙겨 들고 물 한 잔 마시고 나왔다.

09:45
박언니네 사무실 입구 정육점에서 닭 한 마리를 샀다. 도리탕 해 먹을 생각이다. 진산이 말했다. "어부부." 내가 화들짝 놀라자 다시 말했다. "그냥 노래 부른 거요. 안심하시오."

09:50
대로변 타월집에서 수건 몇 장 샀다. 진산이 말했다. "어부." 내가 말했다. "이번에도 노래?" 진산이 말했다. "아니, 이번엔 진짜." 그냥 씹었다. -_-

09:55
집에 오는 골목 어귀 케이크집에서 케이크 하나 샀다. 진산이 말했다. "여보, 더 이상 못 걷겠소. 집은 보이지만 어째 걸을수록 점점 멀어지는 것 같구려……." 손을 잡고 끌어 줬다. 진산이 또 말했다. "심심해!" 웃었다. "당신 참 데리고 다니기 힘든 여자구려." 진산이 훗 웃고 말했다. "나처럼 재미있게 해 줄 여자 달리 찾기 힘들 거요." 수정해 줬다. "괴롭히기겠지." 진산이 놀라며 되물었다. "그게 바로 재미있게 해 주는 것 아니던가?"

10:00
집이다. 당분간은 나갈 힘이 안 생길 것 같다.

가 말한다

어부어부 : 진산의 필살기. 진산이 눈을 깜빡이며 가녀린 -_- 몸을 기대며 좌백에게 업어 달라고 어부어부를 외치는 모습을 본 사람만이 이 필살기의 무서움을 이해한다. 그 모습을 보고 있자면 왜 진산은 마님이고 좌백은 삼돌이일 수밖에 없는가를 깨닫게 된다.

고맙쥐?

볶음밥을 만들어 먹을 생각을 했다. 항상 그렇듯이 진산에게도 먹겠냐고 물어봤다. 식욕이 없어서 안 먹겠다고 한다. 혹시 몰라서 한 그릇 반 정도 분량으로 넉넉하게 만들었다. 냄새를 맡고 진산이 슬그머니 다가온다.

진산 : 제법 맛있어 보이는군.
좌백 : (손을 저으며) 쉿! 저리 가랏!
진산 : 에이, 그러지 말고~. 맛만 볼게.

맛만 볼 리가 없다. 아니, 있긴 하다. 맛이 없으면 정말 맛만 보고 물러난다. 하지만 맛있었나 보다. 먹던 숟가락을 뺏어서 한술 뜬 진산, 눈을 빛내더니 엉덩이로 날 밀어내고 와구와구 먹는다. 잠시 후.

진산 : 잘 먹었소. (숟가락을 놓고 물러난다)
좌백 : (밥이 조금 남은 걸 보고는) 마저 드시지?
진산 : (손을 젓는다) 당신을 위해 남겨 놨소. 고맙쥐?
좌백 : ……. OTL 〈— 물론 마님의 하해와 같은 은혜에 감사하는 포즈다.

곰국

2박3일 일정으로 경기도 모처에 가게 됐다. 그 말을 들은 진산이 "나 그럼 또 굶게 되는 거야?"라며 놀라더니 곧 외쳤다. "곰국이라도 끓여 놓고 가랏!"

냉동실에 갈비탕 얼려 놓은 것과 죽이 잔뜩 있지만 알아서 해 먹을 리는 없고, 지금 곰국 끓이자니 늦었고……. 돌아오면 아사한 진산의 시신을 발견하는 ~~해피한~~ 불행한 사태를 맞이할지도 모르겠다. 밥은 해 놓았으니 밑반찬만으로라도 먹겠지……. 내가 ~~행복해할~~ 슬퍼할 일을 진산이 해 줄 리가 없지. (어쩐지 안심이 된다)

어부어부

어부어부가 정말 무섭게 들리는 장소를 발견했다. 지하철에서 나가는 40계단을 앞에 두고 진산이 어부어부를 하자 잠시 심장이 멎는 것 같았다. 차라리 여기서 날 죽여 달라고 했다.

그 후에도 어부어부 공세가 계속되었다.

진산 : 어부어부.
좌백 : 무시. (라고 말했다)
진산 : 날 미워하는 거지!
좌백 : ……. (그게 왜 미워하는 걸로까지 해석이 되는 거냐? 그럼 나도) ……어부어부.
진산 : 죽여 버릴 테댓!
좌백 : 봐, 당신도 '어부어부' 하니까 화내잖아.
진산 : 내 어부어부는 복합적인 의미가 담긴 것임에 반해서 당신의 어부어부는 단지 반항일 뿐이잖아.
좌백 : 당신도 어부어부로 괴롭힘을 당하면 화내는 게 당연하다는 걸 깨우쳐 주기 위해 한 것이 반항인가?
진산 : 반항이지.
좌백 : 반항이었군. (-_-) ……그럼 당신의 어부어부에 담긴 복합적인 의미는 대체 뭐요?
진산 : 실제로 업어 달라는 뜻도 있고…….
좌백 : 그것 외에는 단지 괴롭히고 싶다는 의미밖에 없잖소.
진산 : 하여간 복합적이잖아.
좌백 : 단지 두 가지인데도 복합적이라고 하나?
진산 : 하지. (단호)

헉 헉 헉

평가

진산이 나오더니 소파에 앉아서 소파 앞에 앉은 내게 몸을 기댄다. 위에서 내리누르니 엄청 무겁게 느껴진다.

좌백 : 뭐 하는 거요?
진산 : 쉬고 있소.
좌백 : 여보, 스스로를 지나치게 과소평가하지 마시오.

응징당했다.

평가 2

'노트르담 드 파리'를 DVD로 보고 있다가 진산에게 말했다.

좌백 : 콰지모도 역을 한 배우도 아주 훌륭하구려.
진산 : 당신, 콰지모도에게 감정이입하고 있군. 외모나 신세나 당신하고 좀 비슷하긴 하지.
좌백 : 훗……. -_-+
진산 : 난 그럼 에스메랄다?
좌백 : 여보, 스스로를 지나치게 과대평가하지 마시오.

역시 응징당했다.

덫

진산이 방에서 나오다가 요요가 싼 오줌을 밟고 미끄러져 넘어질 뻔했다.

진산 : (요요를 꾸짖으며) 이년! 딱 밟기 좋은 자리에다 쌌넛!
좌백 : (요요를 대변한다) 덫이닷! 그 한 수로 죽이지 못한 것이 한스럽구나~!
진산 : (상궁 포즈*로) 네 이년! 박언니의 사주를 받아 중전 마마를 시해하려 한 것이 틀림없으렷닷!
좌백 : 하하. (거기서 왜 박언니가 나오냐……. -_-)

> 가 말한다
>
> **상궁 포즈** : 우주인이 그린 '와탕카'라는 만화가 있다. 진짜 우주인이냐고? 모른다. -_- 암튼 이 이상하고 요상한 우주인이 그린 와탕카라는 만화를 찾아 - 인터넷 주소창에 와탕카라고 치면 바로 갈 수 있다 - 461화 '상궁 전설'을 보라. 그럼 알 수 있다. 상궁 포즈. -_-

두 배로

진산과 또 산책을 하고 왔다. 물론 진산은 어부어부로 날 또 괴롭혔다.

진산 : 아, 힘들다.
좌백 : 나도 힘들었어. 두 배로.
진산 : 왜 두 배?
좌백 : 그럴 이유가 있어. 뭐냐고는 묻지 마.
진산 : 누가 나 안 보는 사이에 당신을 괴롭히기라도 했나? (주먹을 쥐고 흔든다. 물론 사실대로 말하면 날 패려고 쥔 주먹이다)
좌백 : 글쎄? 그냥 그런 게 있어. (묵비권을 행사합니다)

물잔의 비밀

여행을 갔다가 돌아와 보니.

집에 들어서자 자장면 소스 탄 듯한 냄새가 먼저 나를 반겼다. 짐을 푸는 틈틈이 대충 확인해 본 바로는 일단 프라이팬이 탔다. 거기 검게 눌어붙은 것들이 아마도 저 자장면 소스 탄 냄새를 풍기는 원인인 듯했다. 개수대에는 기름기 잔뜩 묻은 그릇과 접시가 쌓여 있고 그 사이에 검게 탄 국자가 뒹굴고 있었다. 국자 손잡이는 열에 녹아서 떨어져 있고 밥솥은 뚜껑이 열린 채 안쪽의 말라붙은 밥알들을 보여 주고 있었다.

첨엔 나 없는 사이에 몇몇이 와서 놀고 갔나 했다. 거실 탁자에 물잔 네 개가 나란히 놓여 있는데 물이 반, 혹은 1/3쯤 담겨 있는 게 이런 추리를 더 확신시켜 주었다.

마침 진산이 잠에서 깨 어정거리며 침실(진산의 작업실)에서 나왔다. 그러고는 안기며 징징거렸다.
"흑……, 왜 이제야 오는 거야!"
어깨를 만져 주었다.
"그래그래. 나 없어서 외로웠어? 쯧쯧."
진산이 날 밀어내고 정색하며 말했다.
"마침 밥 떨어졌고, 반찬도 떨어졌네. 해 놓으시오. 아참, 프라이팬이랑 국자도 태워 먹었소."
"봤소." (그런 거였냐?) -_-
추궁했다.
"대체 누가 와서 그런 사고를 친 거요!"

진산 ⓐ : 혼자 쳤소!

여행 떠나기 전에 양념된 불고기를 사 두고는 혹시 배고프면 구워 먹으라고 했었다. 인터넷 쇼핑으로 '한복선 반찬 세트'도 사 뒀다. 토요일 오후부터 오늘 아침까지 그걸로 때운 모양이다. 그리고 오늘 아침 식사 준비 중에 마지막 남은 불고기를 올려 두고 딴 데 정신 팔다 프라이팬과 국자를 태웠단다. 밥은? 덜 탄 걸로 어찌어찌 먹었다고 한다.

그 이야기를 들으니 물잔의 비밀은 물어볼 것도 없이 밝혀졌다. 진산은 식사 중에 반드시 물 한 잔을 마신다. 나는 술로 대신하기 때문에 밥상에 물 떠놓는 일이 없지만 진산은 신기하게도 물 한 잔만은 차려 주지 않아도 자기가 떠놓고 밥을 먹는다. 그러므로……, 물잔 네 개는 나 없는 동안 식사를 네 번 했다는 걸 증명한다. 그리고 떠 와서 먹기만 하고 치우지 않았다는 것도. 그러니 반쯤 빈 물잔과 텅 빈 물잔과 1/3쯤 남은 물잔과 얼마나 남았는지 확인하지 않은 물잔, 이렇게 넷이 나란히 탁자에 남아 있었던 거다. (외롭진 않았겠군……. -_-)

이래서 진산 혼자 두고 여행 가기 두렵다. 그러나 내가 청소하고 설거지하고 밥해 놓고 등등으로 일상적인 풍경을 만든 후 게임에 집중한 진산에게 놀아 달라고 엉기자 진산은 외쳤다.
"여행이나 가 버려랏!"

정말 (한 열흘쯤 먹게) 곰국 끓여 놓고 다시 떠나 버릴까 보다……. -_-+++

마님의 정체

좌백 : 화요회*에서 말야, 모모님이 친구 이야기를 해 줬어. 어마어마한 부잣집 딸과 결혼해서 직업도 없이 놀고먹는다는 거야. 부인이 매일 아침 나가면서 10만 원짜리 수표를 준대. 그럼 그걸로 놀러 다니는 거지. 그런데 하루는 평생 줄 용돈 그냥 한 번에 다 주면 안 되겠냐고 해서 빌딩을 하나 받았대. 경마에서 튀기려다 한 달 만에 날려 먹었다는군. 그래서 요즘은 다시 하루 10만 원씩 받으며 산대. 동석했던 모모 양이 '그 부인이 남편을 무척 사랑하나 봐요. 빌딩 날려 먹은 남편을 내쫓지도 않고 다시 용돈 주며 같이 사는 걸 보면.'이라고 해서 '나도 아는 사람이 있는데 말이죠. 가정주분데 집안일은 안 돌보고 1년 내내 게임만 한다지 뭡니까? 그런데도 남편이 아무 말 않는데요.'라고 했더니 '그래도 진산님은 빌딩은 안 날려 먹었잖아요.'라고 해서 '날릴 빌딩이 없어서가 아닐까요.' 하고 말았지.

진산 : 훗, 없는 빌딩도 날리려고 들면 날릴 수 있어야 진짜지. 그보다 그 부인 심정이 이해가 돼. 달랑 빌딩 한 채 있는데 줬을 리는 없으니 한 열 채 중에서 한 채 줬는데 날렸으면 화야 나겠지만 뭐 참을 수도 있지. 세상에는 남자만 마초가 있는 게 아니라 여자 중에도 마초가 있다오. 이런 경우 남편이 장식품인 거지. 친구들 앞에서 '울 남편이 빌딩도 한 채 날려 먹었다니까. 속상해 죽겠어, 정말. 호호호…….' 이러면서 과시할 수도 있고. 뭐 나 같아도 재력에 큰 손해가 나지 않는 선에서 남편이 그렇게 논다면 별말 할 것 같지 않은데.

좌백 : 당신 돈 좀 벌어 볼 생각 없소? 나도 그렇게 놀 수 있는데…….

진산Ⓐ : 없소! 게임만으로도 바빠.

🙂가 말한다
화요회 : 몇몇 장르 작가들과 몇몇 출판사 편집장들이 우리나라 출판계의 현실과 대중문학계의 미래, 보다 나은 삶이란 무엇인가를 토론하기 위해 매주 화요일에 만나는 모임이다.
라는 건 완전 뻥이고 그저 술이라면 사족을 못 쓰는 인간들이 보다 합법적으로 그럴듯하게 주기적으로 술을 먹기 위해 만든 모임이다. 당연히 박언니도 모임 회원이다. -_-

칫솔 1

우리 집엔 주황색 칫솔과 군청색 칫솔이 있다. 난 늘 주황색을 사용하고 있었는데 간혹 사용하기도 전에 젖어 있는 경우가 있었다. 두 칫솔은 사실 여행길에 사서 진산은 군청색, 나는 주황색으로 선택한 것이기 때문에 나는 계속 진산이 군청색 칫솔을 사용하는 걸로 알고 있었다.

하지만 젖은 칫솔을 발견하는 일이 몇 번 반복된 후, 난 혹시나 하는 생각에 군청색으로 바꾸었다. 그런데 군청색 칫솔도 젖은 채 발견되는 일이 여러 번 있었다. 진산에게 물어보면 간단하게 해결될 일이지만 젖은 칫솔을 발견하는 건 욕실에 갔을 때고, 양치질하고 세수하고 나오면 젖은 칫솔의 의혹 같은 건 까맣게 잊어버리기 십상이다. 그리고 부부라 해도 우리처럼 활동 시간대가 제멋대로인 부부의 경우 욕실에서 서로 마주친다는 건 그리 자주 있는 일이 아니다. 그러던 중 결국 우연히 욕실에서 마주쳤고, 마침 나는 양치질하러 들어가던 참이라 생각나서 물어봤다.

좌백 : 칫솔 어느 거 써?
진산 : 아무거나.

난 무작위에서 규칙성을 찾으려 하고 있었던 거다. OTL

블로그

진산 : 당신 요즘 블로그에 올리는 글은 '나는 진산의 악독한 폭압 아래서 어떻게 연명하고 있는가'를 기록한 고백 수기 같구려.

좌백 : 그렇게라도 스트레스를 해소해야 '흑……, 난 이제 짐 싸서 나갈 테야요!' 안 하고 그냥 살지.

물론 인정했다.

칫솔 2

칫솔 사건은 진산이 이제부턴 주황색만 쓰겠다고 약속하는 걸로 끝났다. 그러나 며칠 후 진산은 또 군청색 칫솔을 입에 물고 있었다.

좌백 : 또 군청색이냐!
진산 : 그래서 뭐?
좌백 : 주황색만 쓰기로 했잖낫!
진산 : 나한테 뭘 바래? 그런 약속을 기억할 리 없잖아.
좌백 : -_-;
진산 : 당신 요즘 나한테 불만이 많은 것 같아.
좌백 : 보통 사람들이라면 당연하게 지킬 것이라고 여겨지는 것을 당신에게 기대해선 안 된단 말인가?
진산 : 당연하지. 나한테 그런 걸 기대한 당신이 잘못한 거야. 반성해랏!
좌백 : 반성하고 있소. orz

냉면

해물파전을 할까 했으나 진산이 냉면 먹고 싶다고 해서 냉면을 배달시켰다. 먹는 중에.

진산 : 하찮은 칫솔 같은 걸로 신경 괴롭히지 마시오. 그깟 것 섞어 쓰면 어때?
좌백 : 이젠 신경 쓰지 않고 있소. 당신 덕분이지. 생각해 보면 당신 덕에 많이 배우고 있소. (갑자기 흥분) 예전의 난 치약 끝부터 짜지 않고 중간부터 짜는 것도 못 견디는 사람이었단 말이닷!
진산 : 훗, 내가 여러 사람 인생을 바꿔 놓는군. 우리 엄마가 말이오, 내 자취방에 오더니 대화하는 내내 방바닥에 떨어진 머리카락이며 먼지며 등등을 손가락으로 집어서 치우는 거요. (말하면서 내 냉면에 올라간 계란을 젓가락으로 집으려 하고 있었다. 진산은 삶은 계란을 좋아한다. 하지만 불행히도 젓가락질은 서툴다. 콩도 못 집고 깻잎도 한 장씩 못 떼서 내가 떼 밥 위에 얹어 줘야 한다)
좌백 : 나도 그런 타입이지. 옛날 내가 학생이던 시절에 자취방에 여자 둘이 놀러 왔는데, 한창 이야기하는 중에 문득 세 사람 다 방바닥을 손바닥으로 쓸어 가며 먼지며 머리카락을 찾고 있다는 걸 발견하고 웃었던 일이 있지. 그런 자세로 이야기하고 있었던 거야. (진산의 서툰 젓가락 컨트롤에 계란 흰자와 노른자가 분리됐다. 진산은 흰자만 우선 가져갔다)
진산 : 훗, 그런 반면 나는 방바닥에 먼지 덩어리가 굴러다니건 말건 태연히 있었지. 엄마가 도무지 이해를 못 하겠다는 듯 '넌 어떻게 이런 지저분한 곳에서 견디니?'라고 하더구려. 그래서 내가 말했지. '엄마, 아무리 치워도 먼지는 쌓이기 마련이야. 그

런 사소한 일에 신경을 쓰면 자기만 괴롭다구.' 엄마가 나중에 그러더군.

'그래, 그렇게 생각하는 게 맘 편히 사는 길이지. 어쩐지 넌 항상 여유롭고 편하게 보이더라. 네 덕분에 하나 배웠다.' (진산은 노른자마저 가져가서 쏙 먹고는 눈을 반짝이며) 당신 계란 내가 먹었지롱~.

좌백 : 알고 있었소. 슬금슬금 접근해서 훔쳐 가는 동안 딴 이야기로 내 신경을 분산시키려는 노력이 가상해서 그냥 놔뒀지.

배고파!

요즘 진산에게 가장 자주 듣는 말이 저거다. "배고파!"
그래서 한번은.

1.

진산 : 배고파!
좌백 : 내가 그렇게 먹음직스럽게 생겼나? 나만 보면 식욕이 동하는 모양이지? 보고 하는 소리가 배고프다는 말밖에 없으니 말이오.
진산 : (태연) 배고플 때만 당신을 찾아서 그렇소.

2.

좌백 : (진산 방에 들어서며) 여보, 뭐 해?
진산 : 배고파!
좌백 : (진산 방을 나서며) 그래, 알았어. 어차피 밥퍼 인생. 뭐 먹고 싶냐? 뭐 차려 줄까?
진산 : (좌백을 붙잡으며) 알았어, 놀아 줄게. 하지만 먼저 밥부터 주시오.

3.

좌백 : (진산 방에 들어서며) 심심해, 놀아 줘.

진산 : 음……, 뭐 하고 놀까? 간편 샌드위치 만들기 놀이를 하자.
좌백 : 내가 만드는 역, 당신은 먹는 역?
진산 : 그렇쥐!
좌백 : 훗, 안됐지만 빵이 떨어졌소.
진산 : 그럼 빵 사 오기 놀이부터 먼저 하자.
좌백 : OTL

상추쌈

삼겹살을 굽고 있었다. 진산이 외치는 소리가 들려왔다.
"나도 먹을래~!"
그러나 막상 식사 준비가 다 됐다고 알렸는데도 진산은 식탁으로 오지 않았다. 게임 중인데 전투가 끝나지 않고 있는 것 같았다. 한참 후 진산이 달려와 앉지도 않고 선 채로 밥을 한술 떠 넣고 고기를 한 점 수저로 퍼서 입에 우겨넣더니 쌈장을 찍어 입에 넣고는 다시 방으로 달려갔다. 입 안에서 쌈을 완성한 셈이다.

다시 한참 후 진산이 달려나오며 외쳤다. 아니, 방에서 일단 외친 후 뛰어나왔다.
"아~!"
어디 다쳐서 내는 소리가 아니다. 닭살 커플들이 "자기, 나 상추쌈 싸 줘~." 한 뒤 입에 넣어 달라고 할 때나 내는 소리였다. 즉, 나갈 테니 쌈을 만들어 놓으라는 뜻이었다. 그 모든 것을 "아~!" 한마디로 끝낸 것이다……. OTL

과연 만들자 진산이 와서 물고 갔다. 나는 진산이 먹을 다음 상추쌈을 쌌다. 진산은 그 후 세 번 더 먹고, 한 번도 식탁 앞에 앉지 않은 채 식사를 끝냈다.

진산의 온갖 기행을 경험하며 이제 어느 정도 단련이 되어 더 이상 감탄할 일은 없을 거라고 생각한 내가 오만했던 것 같다.

불신 혹은 확신

이렇게 서로를 매우 잘 파악하고 있는 대화가 오간 후 갑자기 그런 걸 물어본 이유에 대한 진산의 설명.

역시 잘 알고 있다.

2장
생존과 진화

마님을 모시고 산다는 것

세상에 10억 쌍의 부부가 있다면, 그건
그 20억 명 중 딱 하나밖에 없는
특별한 한 사람이 또 다른 특별한 한 사람을 만나,
그렇게 저마다 특별한 10억 쌍의 부부가 되어
10억 개의 특별한 삶을 만들어 가고 있다는 이야기다.

화장품 냄새

며칠 외박하고 (동탄 살 때의 일인데 회사 한 번 나가면 기본으로 하루 외박했다. 집까지 가는 비용보다 서울에서 자는 비용이 훨씬 싸니까. 사흘 연달아 일이 걸리면 2박3일 외박이 된다. 물론 서울 사는 지금은 꼬박꼬박 집에 간다) 집에 들어갔다. 대충 씻고, 집이 제일이라고 늙은이 같은 소리를 하며 TV 앞에 앉자 진산이 와서 이야기를 하다가……

진산 : 당신 이발했소?
좌백 : 머리 기른다고 몇 달째 이발 안 하고 있는 거 알잖소.
진산 : 좀 다듬은 것 같은데?
좌백 : 방금 머리 감아서 그렇게 보이는 거겠지.
진산 : 아니, 그래도 평소보다 말끔해 보여. 어디……, 킁킁~! 화장품 냄새도 나는 것 같은데? 당신 로션 발랐소?
좌백 : 내가 언제 로션 같은 걸 바르고 합디까.
진산 : 그럼 이건 어디서 나는 화장품 냄새냣! 언년이랑 놀았냣! 불어랏~! 그년을……, 그년을……, 당장 잡아와서 삼월이로 쓰잣~!
좌백 : 언년은 무슨 언년. 남자들끼리 논 거 알잖아. 박언니라도 잡아올까?

그러나 확인 결과, 진산이 맡았다는 화장품 냄새는 어깨가 아파 붙인 파스 냄새였다.

좌백 : 명색이 여자인 주제에 파스 냄새랑 화장품 냄새도 구분 못 하냣~!
진산 : (무색한 표정으로) 화장해 본 지 하도 오래되다 보니 그만.

주부 근성

도우미와 관련된 일로 말다툼을 했다.

진산 : 도우미 오기 전날이면 당신이 청소하고 설거지하고 쓰레기 치우고 해서 요즘 도우미가 할 일이 없잖소. 네 시간 일하는 게 원칙인데 두 시간만 하고 할 일 없어서 가잖소! 작작 좀 해 두시오!
좌백 : 도우미 아줌마는 빨리 끝나서 좋고, 우린 빨리 평소 분위기 찾아서 좋고……. 다 좋은 일인데 왜 그러시오?
진산 : 돈을 줬으면 돈에 합당한 일을 시켜야 할 것 아니오. 도우미 계약 조건 중에 장보기도 있소. 오기 전날 목록 작성해서 장보기라도 시킵시다.
좌백 : 싫소.
진산 : 왜 싫어! (버럭)
좌백 : 직접 장봐서 사 온 재료 아니면 요리하기 힘들단 말이닷! (마주 버럭)

오랜만에 좌백 WIN -_-b

한상운식

진산과 내가 동시에 마감 히스테리를 부렸을 때의 일이다. 내가 진산을 위로해 준 후 진산이 (아마도) 보답 차원에서 내게 와서 어깨를 만져 준다. 내가 시큰둥한 태도를 보이자 화를 내는 진산.

진산 : 왜 반응이 없소!!!
좌백 : 언제 헤드록을 할지 몰라서 경계하느라.
진산 : 세상을 그렇게 '한상운*식'으로 살지 마시오!!!
좌백 : 당신이 여태 해 온 걸 보면 안 그럴 수 없잖아!

> **가 말한다**
> **한상운** : 〈독비객〉, 〈양각양〉, 〈무림맹연쇄살인사건〉의 작가. 모든 소설을 통틀어 착한 인간이란 등장하지 않는 걸로 유명하다. 왜 착한 사람이 등장하지 않느냐는 질문에 "주인공이나 조연이 결국 사람을 죽여야 하는데 착한 사람이 죽일 수도, 죽을 수도 없으니까요."라는 명언을 남겼다. 결국 한상운식이란 인간의 모든 행동엔 악의가 있으니 매사 조심하며 사는 주의를 뜻한다.

귀여워

역시 동탄 살 때의 일. 서울에 올라와 있는 사이 집에 담배가 떨어졌다는 진산의 아우성을 MSN으로 듣다.

좌백 : 내 방 뒤져 봤어?
진산 : 담배 한 갑 나오더구려.
좌백 : 내 모니터 오른쪽에 담배 한 갑 (안 뜯은)……. 〈— 타자 치다가 중단.
좌백 : 그럼 왜 담배 없다고 음산……, 부리는 거요?
진산 : 그거로 언제까지 버티라고?
진산 : (……)
좌백 : …….
좌백 : 새벽에 사서 들어가리다…….
좌백 : 몇 시가 될진 알 수 없지만…….
좌백 : 어떻게든 한 갑으로 버텨 보시오.
진산 : 그래. (–_–)
진산 : 흥! (–_)
좌백 : 귀엽구려. (^^)
진산 : 뭐가! (버럭)
좌백 : 이모티콘이…….
진산 : 이모티콘하고 살아랏!
좌백 : ㅎㅎ
진산 : 쟤! 쟤 (–_) (–_)
진산 : 델구 살아랏!! 휘딱.
좌백 : 저장해서 올려야지…….
진산 : –_–

개 차듯이

모종의 일로 진산에게 걷어차이다가 발끈.

좌백 : 그 정도 일로 남편을 개 차듯이 걷어차냣!
진산 : 그게 무슨 개 차듯이냣!
좌백 : 그래, 개 차듯은 아니군. 개를 이 정도로 차면 죽겠지!
진산 : 그러니깻!
좌백 : -_-; (너무 당당하니 할 말이 없어진다)

헬스클럽

진산이 이런 글을 올렸다.

재활을 위해 헬스클럽에 다니기 시작했다. 어제부터다. 재활은 뻥이고 살 빼서 영계나 꼬셔 볼까 하고 나가기 시작했는데…….
이런 젠장. 헬스클럽 코치가 여자다. 백합물* 찍기엔 투포환 선수다. 인생, 뜻대로 되는 일이 없다.
그래도 망하란 법은 없나 보다. 좌백이 내가 나가는 걸 보더니 따라가 볼까 하는 눈치를 보였다. 그런데……!
헬스클럽 위층에 청*람출판사가 있다. 이 사실을 알면 좌백은 절대로 안 다니려고 할 거다. 역시 빚지고 살면 안 된다. 이 동네는 출판사가 너무 많다. 위험한 거리다.

거기에 이런 댓글이 올라왔다.
rXdXXaw 05/08/18 22:05 x
안 돼! 운동하지 마! 지금보다 더 이뻐지면 어쩌려구……. ;ㅁ;

진산이 다시 댓글을 달았다.
진산 05/08/19 11:11 x
rXdXXaw/ 너, 큰일 났다. 좌백이 니 말을 진담으로 알고 (물론 당연한 소리긴 하지만) '나 말고 딴 놈이 저런 소리를 하다니…….' 하면서 질투의 괴성을 질렀단다.

당연한 반응이 돌아왔다.
rXdXXaw 05/08/19 15:40 x
헉! 살려 주세요, 좌백님! ;ㅁ;

진상은 이렇다.

진산이 며칠 전부터 헬스클럽에 다닌다. 원래는 수영장에 다니려고 했지만 가장 가까운 수영장은 한강시민공원 망원지구 수영장이다. 강변도로에 접해 있는 곳이고, 물론 강변도로를 이용하는 분들에게 아름다운 몸매를 보여 준다는 고마운 언니들의 경연장이다. 진산이 여기 낄 순 없다. (물론 미모로는 누구에게도 안 빠지지만 몸매가 좀……)
그런 이유로 수영장은 포기하고 헬스클럽으로 방향을 돌렸다. 그런데 하루 갔다 오더니 끙끙 앓는다. 그러더니 그 다음 날부터 나를 꼬신다. 같이 가서 함께 고통을 나누며 건강해지는 기쁨을 같이 누려 보자고. 훗. 발에 상처가 나서 걷기도 힘들다는 핑계로 사양을 했다.
며칠 후, 다시 백합물 찍기엔 안 어울리지만 헬스클럽 코치로는 훌륭한 모양에게 안 쓰던 근육들을 혹사당한 후 울면서 돌아온 진산이 혼자만 당할 수 없다고 생각했는지 꼭 같이 헬스클럽에 가서 같이 건강해지자고 꼬셨다. 나는 절뚝거리는 모습을 보여 주며 말했다.

좌백 ☺ : 범인은 절름발이다.
진산 ☺ : 나 안 보는 자리에선 안 절뚝거리는 거낫!
좌백 ☺ : 후훗. (물론이다)

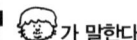가 말한다
백합물 : 원어는 게이를 뜻하는 속어 '장미'의 반대말로, 게이 잡지 '장미족'의 편집장이 사용한 것이 최초. 같은 잡지에 만들어진 '백합족 코너'라는 독자 투고란의 명칭이 그 발상인 듯하다. 결국 레즈비언의 세계를 그린 도서나 영화를 뜻한다고 네이버 오픈 국어사전에 나와 있다. 박언니, 사실 이런 거 잘 모른다. --

눈을 떠

진산이 헬스클럽 가자고 부른다. 좌백은 방바닥에 엎드려 부상자의 모션을 취한다. 그러나 진산은 가차 없다.

진산 : 얼른 일어나지 못할깨
좌백 : 으으……. 여보, 난 틀렸소. 난 내버려두고 당신이라도 가서 건강하게 오래오래 잘살 궁리를 하시오.
진산 : (옆에 쪼그리고 앉아 날 흔들며 외친다) 여보, 조금만 더 힘을 내시오! 이대로 눈 감으면 죽는다구! 눈을 떠!

안 일어날 수가 없었다……. -_-

행운아!

헬스클럽 가는 길에…….

헬스클럽에서 돌아오는 길에…….

좌백 : (아무 말도 못 한다. 감히 할 수가 없다)

뽀대

헬스클럽에 끌려가는 도중에 빨간 스포츠카 한 대가 지나가자.

진산 : 스포츠카 멋지지 않소? 차 판 김에 스포츠카나 한 대 살까?
좌백 : (뿌루퉁) 쳇, 시속 140km 이상 달릴 도로도 없는 나라에서 스포츠카는 왜 사는지 몰라.
진산 : 뽀대라는 게 있잖소.
좌백 : 뽀대는 무슨……. 시내에서 뚜껑 열어 놓고 달리다간 매연에 숨막혀 죽을걸! (문득 열을 내며) 정부에서 법률을 정해서 석유로 가는 승용차를 일절 금지시켜 버려야 해. 화물차와 대중교통 수단은 일단 유예해 주고, 대신 전기 자동차나 수소 연료 자동차 같은 무공해 차량만 승용차로 허가하는 거요. 아직 대중화가 안 됐으니 비싼 건 당연하지만 대중화돼도 가격은 무조건 10억 이상으로 매기고……. 부자나 타라는 거지. 대신 대중교통 수단을 대폭 늘리고 편하게 하는 거야. 그럼 부자는 뽀대나서 좋고 서민은 대중교통 편하고 빨라져서 좋잖아. 교통 문제 해결되지, 환경 문제 해결되지, 유가 문제 해결되지……. 이거야 말로 일석삼조 아닌가!
진산 : 여보……. 당신, 지하철에서 시국 이야기 하며 떠드는 주정뱅이 아저씨 같소.
좌백 : -_-;

러닝머신 살인 사건

러닝머신을 하면서 TV로 '소림족구'를 보고 있는 좌백에게 먼저 끝낸 진산이 와서 집에 가자고 한다.

좌백 : 잠깐만. 이제 클라이맥스야. 태극권으로 공 막는 장면이랑 그 뒤에 피구왕 통키 장면은 봐야지.

덕분에 예정보다 10분이나 더 한 좌백이 헐떡거리며 나오자.

사랑해!

헬스클럽 갔다가 돌아오는 길에 진산이 갑자기 내 팔을 감싸 안으며 속삭인다.

진산 : 사랑해!
좌백 : (흠칫 물러서며) 허거덕! 다……, 당신 왜 그래?
진산 : (혀를 차며 내 어깨를 두드린다) 쯧쯧……, 너무 겁먹지 마시오. 당신 의외로 새가슴이구려. 뭐, 설마 내가 당신보고 죽으라고 하기야 하겠소.
좌백 : …….

이 대화 분위기와 의미를 이해할 수 있는 사람은 많지 않을 것 같다.

마님은 언제든 '싫어!'라고 할 수 있지만 삼돌이는 감히 싫다고 할 수 없다는 게 저 대화의 1차 키워드. 마님의 하명에는 오직 복종만이 있을 뿐이다. 저 '사랑해'라는 발언의 강도, 혹은 닭살도가 올라갈수록 하명하는 내용의 난이도도 올라간다는 게 2차 키워드……. -_-

살 빠졌네?

진산이 내 허리를 두 팔로 감싸 안고 말했다.
"당신 정말 살 빠졌구려. 전에는 감아도 양손이 안 닿았는데……. 이렇게 가늘어지다가 부러지겠소."
내가 말했다.
"다 좋은데……, 이제 숨 쉬어도 돼? 헥헥."
숨을 쉬는 순간 진산이 "에구구!" 그러면서 튕겨 나갔다.

헬스클럽에서 돌아오면서 진산이 말했다.
"당신 정말 살 빠졌더라. 얼굴이 핼쑥해졌어. 아까 헬스클럽에서 당신 어디 있나 찾는데 못 찾겠더라니까."
나는 훗 웃고 말했다.
"그렇게 빠졌나? 난 잘 모르겠던데?"
진산이 말했다.
"아니, 정말 못 찾겠더라고. 흉악한 얼굴은 많은데 당신 얼굴이 없더라니까. 배 보고서 겨우 알아봤지."
하하 웃고는 덧붙인다.
"배는 여전하더구려."

심부인의 요리사

이러저러한 추천을 많이 받았던 만화 심부인의 요리사*를 사 왔다. 대충 본 후 나눈 대화

진산 : 이거 호러 만화구려.
좌백 : 나한테나 그렇겠지. 당신에겐?
진산 : 아침 드라마 같구려. 늘 벌어지는 일이지 뭐……. 하하하하!

> **가 말한다**
> **심부인의 요리사** : 먹는 것을 무엇보다 좋아하는 여인 심부인에게 팔려 온 사내, 요리사 이삼의 피폐한 삶을 그린 만화. 이삼이 어떻게 심부인에게 착취당하는가를 아주 리얼하게 그렸다. 당신이 이 땅의 삼돌이라면 눈물 없이는 볼 수 없는 만화다.

찍!

좌백 : (거실에서 술 마시다가 속이 답답해서 고함을 지른다) 아우울~!
　　　 (나는 늑대닷! 나는 늑대라굿!)
진산 : (방에서 소리친다) 시끄렷!
좌백 : 찍 (쥐였던가……?)

손발리 오그라들다

손발리 오그라드는 모습을 실제로 봤다. -_-

진산 : 배고파. 밥 줘~!
좌백 : 오징어볶음 있으니 드시오.
진산 : 차려 줘~!
좌백 : 손이 없냐, 발이 없냐? 직접 차려 먹어랏! (버럭)
진산 : (순간, 손발리 오그라드는 포즈를 취하며) 손 없어, 발 없어. 차려 줘~!

안 차려 줄 수 없었다. -_-

깔끔 떨기

고추장돼지고기구이를 해서 밥을 먹었다. 다 먹은 진산이 고추장돼지고기구이를 담았던 접시에 밥그릇을 올려놓고 "잘 먹었소." 하고 일어났다. 물론 식탁에서 개수대까지 가져가는 건 내 몫이지만 이번엔 그게 중요하지 않다. 통상 고기구이를 담은 접시는 기름기가 넘치기 마련이다. 고추장돼지고기구이는 더욱 그렇다. 접시에는 고추장이 포함된 기름이 잔뜩인데 거기 밥그릇을 올려놓았으니 당연히 기름기가 그릇 아래쪽까지 묻는다. 즉, 두 번 닦아야 한다. 평소에는 아무렇지 않게 넘어갔겠지만 그걸 보자 번쩍 얼음칼형의 깔끔 떨기가 생각났다. 그래서…….

좌백 : 에잇, 그 접시에 올려놓으면 아래까지 더러워지잖아! (버럭)
진산 : (잠시 당황하더니 문득 깨닫고) 에잇, 이 얼음칼*과㈜ 인간 같으니!
좌백 : 음하하……. (예상한 반응에 기쁘다. 대화가 안 통하면 같이 살기 어려우니까)
진산 : 당신은 깔끔 떠는 인간도 아니면서 오직 바가지 긁기 위해 그랬다는 게 더 나빠!
좌백 : 재밌잖아……. ^_^

얼음칼의 깔끔 떨기

지난 목요일 아침에 마님과 삼돌이, 박언니는 내 관사에서 잠을 깼다. 나는 늘 하던 대로 토스트를 한 쪽 구워 먹었고, 삼돌이와 박언니에게는 집에 먹을 것 없으니 나가서 알아서 사 먹으라고 했다. 배는 고프지만 먹으러 나가기는 귀찮은 상황에 직면한 마님은 간밤에 삼돌이가 안주로 먹다 남겨 놓은 빵을 조금 뜯어먹다 말고, 삼돌이를 애처로운 눈빛으로 바라보면서 먹을 걸

사 오라고 강요하고 있었다. 하지만 어디 여기가 서울인가? 아무리 만능 삼돌이라고 해도 운반 가능한 음식을 그렇게 자유자재로 사 올 수 있을 리가 없다.

할 수 없이 내가 마님에게는 라면을 끓여 드리겠다고 했다. 그 말을 듣자마자 삼돌이와 박언니가 그럼 자기들도 라면 먹겠단다. 하지만 너희들이 라면을 해 먹으면 설거지거리가 많이 생긴단 말이닷. 젠장, 젠장.

냄비와 그릇을 쓰기 싫어하는 내 마음을 박언니는 라면 끓이기가 귀찮은 걸로 오해하고는 굉장히 선심을 쓴다는 표정으로 자기가 끓이겠다고 했다. 그러고는 삼돌이와 박언니는 나가서 라면과 햇반, 그리고 계란(!)을 사 왔다. 그나마 불행 중 다행으로 여섯 개짜리를 사 왔지만……. 너희들이 그 계란을 다 먹을 수 있다는 거냐? 아니면 또 계란이 남는단 말이닷. 역시 젠장, 젠장.

결국 계란은 두 개만 사용했고, 냉장고에 네 개가 남았다. 다음 주에는 할 수 없이 눈물의 계란 삶기에 다시 도전하게 생겼다.

박언니가 끓인 라면을 마님과 삼돌이가 즐겁게 먹었다. '그래, 먹고 깨끗하게 치우기만 해라…….'라고 생각하고 있었지만 내가 생각하는 수준의 깔끔은 이미 포기한 상태.

아니나 다를까, 박언니가 자기가 라면 먹은 그릇을 라면 끓인 냄비 속에 넣는 게 아닌가. 그렇게 하면 그릇 안쪽뿐 아니라 원래는 깨끗해야 할 그릇 바깥쪽까지 라면의 기름기가 묻는단 말이닷. 그게 얼마나 안 닦이는지 알아? 게다가 우리 파출부 아줌마는 설거지가 대충이라 내가 늘 다시 닦는단 말이다. 젠장, 젠장. 투덜투덜.

오늘 귀가해 보니 역시 파출부 아줌마가 설거지한 그릇에는 라면 기름기가 여전히 남아 있었다. 할 수 없이 설거지를 다시 했다.

이런 자폭성 포스팅을 하고 나면 늘 마님의 놀림감이 되곤 하는데, 왜 이러는지 모르겠다.

가 말한다

얼음칼 : 마님이 유일하게 공인한 마님 팬클럽 '토토로'의 회장이다. 정회원은 전무하며 준준회원으로 유일하게 박언니가 가입되어 있다. 좌백의 좋은 형이자 술친구이기도 하다.
'깔끔떨기'를 책에 싣게 해 주신 얼음칼님께 감사드린다. ^^/

조기교육

진산 : 우진이 녀석, 사내애가 왜 그렇게 활발하지 않은지 모르겠어. 난 안 그랬는데.
좌백 : 나보단 활발한 거요. 난 어렸을 때 아주 음침한 아이였거든.
진산 : 당신과 나 사이의 중간 정도는 되는거군. 그럼 됐네.
좌백 : 당신과 나 사이의 중간이라……. 그럼 안 되는 것 아닐까? 뭔가 끔찍한 몬스터 같은 것이 돼 버릴 것 같다는 걱정이 드는구려.

얼음칼형네 딸들은 영어 원서로 소설도 읽는다는, 그것도 공부로 읽는 게 아니라 재미로 읽는다는 (재미를 느끼면서) 말을 진산에게 전해 주고.

좌백 : 우진이도 조기교육 시켜서 원서도 읽히고……, 그렇게 키워야 하는 게 아닐까?
진산 : 상대적 박탈감을 느끼고 싶소? 나도 못 읽는 원서를 애가 읽어? 그냥 개똥밭에 굴리며 키웁시다. 애새끼가 나보다 똑똑하면 괴롭다구!

순장

한의원에 다녀왔다. 진산도 건강이 걱정됐나 보다. 특히 요즘 목감기로 고생 중이라 더 그렇겠다.

진산 : 장수의 적 여섯 가지 중에 나도 과음 하나 빼곤 다 해당되더군. 나도 오래 못 살 것 같소.
좌백 : 나보다야 오래 살겠지. (시큰둥)
진산 : 그래도 혹시 모르니까, 나 먼저 죽으면…….
좌백 : ……? (얼른 새장가 가서 우진이 잘 키워 달라고 할 리는 절대로 없고, 오래오래 기억해 달라고 할 리도 없지. 그런 거 안 믿으니까. 그럼 대체 뭔 말을 하려고……?)
진산 : ……따라 죽으시오! (멱살을 잡고 짤짤 흔들며) 순장을 당해! 같이 묻히란 말이댓!

한참 시간이 흐른 후, 거실을 지나가던 진산이 문득 묻는다.

진산 : 나 죽으면 따라 죽어 줄 거지? (귀여운 어조로)
좌백 : -_- (아무리 귀엽게 물어도 그런 걸 동의해 줄쏘냐……. 물론 동의해 준다. 일단 모면하고 봐야지) 물론이지.
진산 : 진심이 안 담겨 있어! (멱살을 잡고 짤짤 흔들며) 차라리 지금 죽여 줄 테댓!

다시 한참 시간이 흐른 후, 방에 있는데 밖에서 진산의 목소리가 들려온다.

진산 : 요요* 이년. 너도 엄마 죽으면 따라 죽어랏! 돌봐 줄 사람도 없을 텐데 살아서 뭐 하겠니! 얼른 그러겠다고 대답햇! (분위기로

　　　　　보아하니 요요도 멱살을 잡힌 채 협박당하는 게 분명하다)
요요 : 할짝할짝! (그랬을 게 뻔하다)
진산 : 쳇! 개한텐 안 통하는군. (내팽개친다)

잠시 후.

좌백 : 아까 요요한테 따라 죽으라고 한 거요?
진산 : (태연히) 응.
좌백 : 엽기구려.

> 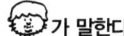**가 말한다**
> **요요** : 좌백과 진산의 강아지. 요요라는 이름엔 아주 깊은 의미가 있다. 지금까지 좌백과 진산이 키운 강아지 이름 붙이기 법칙에 따랐기 때문이다.
> 처음 키운 슈나이져 종의 이름은 슈슈였다. 코카스파니엘 종의 이름은 코코였다. 그렇다. 요요는 요크셔테리어다. ¯¯

짐 싸는 쪽

에어컨을 켰다 껐다 하면서 투덜댔다.
"젠장……, 켜면 춥고 끄면 더우니 뭐 이따위 날씨가 다 있어."
진산이 듣고는 혀를 찼다.
"저 성질머리 하곤……. 당신 정말 마누라 하난 잘 얻은 거요. 당신 같은 성격에 딴 여자였으면 다 짐 싸서 도망갔을 거야. 나나 되니까 당신이 짐 싸서 도망갈 궁리를 하지."

스스로의 논리가 발목을 잡았다는 걸 깨달은 진산이 중얼거린다.
"짐 싸는 쪽이 행복한 거라는 이야기……는 좀 이상한가?"
그러다가 갑자기 허리에 손을 대고, 즉 이의는 용납하지 않는다는 자세로 외친다.
"어쨌건 당신은 결혼 잘한 거야! 끝!"

콩나물국

뭐냐곤 묻지 말고……. OTL

동의

진산과 내 컴퓨터의 스피커를 맞바꿨다. 진산이 자기 컴퓨터에 단 스피커가 잘 안 된다고 내 것과 바꾸자고 해서였다.
바꾼 후.

좌백 : 당신이 가져간 스피커가 내가 받아온 스피커보다 나은 거 맞아? 서라운드 빵빵하게 잘만 되는데?
진산 : 당신이 그걸 내 방에 설치하면서 위치를 잘못 잡아 놨던 게지. 내 컴에 달려 있을 땐 서라운드 못 느꼈다고. 땍땍!
좌백 : ······.
진산 : 뭐든지 당신 탓이야!
좌백 : 안 그래도 그 생각 했소. 뭐든지 내 탓이라고.
진산 : 그래, 당신도 동의하는구려. 결국 다 당신 탓이야.

마님의 귀환

친정 갔던 마님이 귀환했다.

진산 : 배고파!
좌백 : 뭐가 먹고 싶소?
진산 : 삼돌이 손맛 가정식 백반.

김치볶음밥을 해 줬다. 밥 먹고 힘이 나는지 놀아 달라며 괴롭힌다.

좌백 : 가서 게임이나 하며 혼자 놀아랏!
진산 : 에이 왜 그래~! 나 없어서 쓸쓸해했던 거 다 알아~.
좌백 : 그건 쓸쓸해서 좋더라는 이야기였닷!

바보 천치

진산이 옷을 (안팎을) 뒤집어 입고 있는 것을 보고 뒤집어 입었다고 지적해 줬다.
그러자 옷을 벗어서 앞뒤로 바꿔 입는 진산.
다시 지적해 줬다. 그게 아니라 안팎을 뒤집어 입었다고.
그러자 다시 벗더니 안팎을 뒤집어서 제대로 한 뒤 앞뒤로 바뀐 그대로 다시 입는다. -_-
가서 옷을 벗기고 제대로 입혀 준 뒤 좌절 포즈로 엎드려 중얼거렸다.

좌백 : 난 어쩌면 바보 천치랑 같이 살고 있는 건지도 몰라.
진산 : 헤~! 침 질질. (이라고 말했다)

진산은 옷차림에 신경을 안 쓰기 때문에 (근데 이게 이유가 되나?) 자주 옷을 뒤집어 입는다. 외출하다가 문간에서야 발견하고 고쳐 주는 일이 드물지 않은데, 한번은 시내에 나와서야 발견하고 조금 당황하기도 했었다. (그러거나 말거나 본인은 전혀 신경 쓰지 않기 때문에 상관은 없지만)

진정한 주부

예전에 모 방송국에서 출연 제의가 온 일이 있었다. (인간극장류의 프로그램 출연 제의 같은 건 요즘도 심심치 않게 오지만……, 모두 거절하고 있다. 내가 왜 인간극장감이지? -_-) 그때의 출연 제의가 기억에 남는 이유는 남자 전업 주부 셋을 모아 개그맨 이*원과 함께 주부의 일상을 보여 주겠다는 프로그램이었기 때문이다. -_-

물론 거절했다.

거절한 이유는 귀찮기도 했지만 무엇보다도 내가 주부라는 생각을 전혀 하지 않았기 때문이다. 진짜 주부와 나 같은 무늬만 주부 사이에는 아주 큰 차이가 있다. 진짜 주부는 자신이 먹고 싶건 아니건 가족의 요구에 따라 요리를 해 내오지만 난 내가 먹고 싶지 않으면 요리를 하지 않는다. 물론 진산이 뭘 먹고 싶다고 하면 하는 수 없이 하기도 하지만……. (부부만담을 보면 그런 경우가 일상적인 것 같지만 실제로는 그렇지 않다) 그래서 하루는 진산이 '요즘은 반찬이 부실해서 삶이 피폐해지고 있소.'라는 불평을 한 일도 있다.

실은 반년쯤 계속 우울 모드인데다가 요즘은 정도가 심해져서 거의 식욕이 없다. 이틀에 세 끼 정도, 그것도 한 끼에 밥 반 공기 정도만 먹거나 아예 다른 것, 가령 김치전 한 장 부쳐서 먹거나 식빵 두세 장 구워 먹고 마는 식이라 통 요리를 하고 싶은 생각이 안 든다. 그래서 며칠간 낮에 중국집이나 일식집에서 배달시켜다가 조금 먹고, 남은 것은 냉장고에 넣어 두었다가 진산이 배고프다고 하면 데워서 내가는 식으로 살았는데…….

그러다 웬일로 의욕이 나서 콩나물국밥을 했다. 쇠고기로 육수를 내서 김치, 콩나물과 밥을 삶아 내놓는 것인데, 마침 내가 만들어 먹을 땐 진산이 용 잡느라 바빠서 못 먹었다. 자고 일어났더니 진산이 밥을 먹었는지 흔적이 남아 있는데 쇠고기육수국 냄비가 상에 남아 있었다. 가서 물었다.

좌백 : 콩나물국밥 재료로 육수 만들었는데, 그걸 먹었소?
진산 : (OTL 포즈로) 어쩐지 싱겁더라니…….

다행히 콩나물무침과 어묵조림도 해 놨고, 그걸 반찬으로 먹은 것 같으니까 뭐…….

수영

진산은 주기적으로 뭔가 보람 있는 일을 하며 성실하게 살아야 할 것 같다는 윤리적 충동을 느끼곤 하는 것 같다. 헬스를 한다거나 (두 달 만에 그만뒀다. 3개월 등록이었다), 십자수를 한다거나 (이틀 만에 관뒀다. 십자수 틀이며 실, 바늘 등등 일체를 구입했다), 뜨개질을 한다거나 (한 시간 만에 관뒀다. 색색의 털실과 바늘을 사야 했다), 수영을 한다거나 (일주일 나가고 관뒀다. 당연히 몇 개월 회원권을 사야 했다) 등등이다. 사실은 뭔가 한다기보다는 뭔가 하기 위해 돈을 쓰고는 그걸 위해 돈을 썼다는 사실 자체만으로도 어느 정도 저 윤리적 충동을 만족시키는 것 같다.

그럴 때 나는 같이 하자고만 않으면 말리지 않는데, 단 한 번 예외적으로 뜯어말린 일이 있다. 재봉틀을 사 달라고 했을 때였다. 다림질도 못 하고 자기 옷도 못(안) 개는 사람이 재봉틀로 뭘 할 생각인지는 모르겠지만, 며칠 후엔 쓸데없이 공간만 차지하는 물건이 될 게 뻔해서 그것만은 결사적으로 말렸다.

하여간 근래 또 진산이 불타올라서 수영을 다시 시작했다. 등록할 건데 같이 가자고 해서 동행해서는 진산이 등록하는 동안 나는 절대 안 한다는 포스를 풍기며 서성거리고 있었다. 그러다가 어쩐지 등골이 오싹하고 뒤통수가 뜨끈뜨끈해져서 그만 "나도 같이 할까?"했더니 "그럼 나야 좋지."라는 대답이 돌아오는 바람에 그만 "그럼 나도 등록하지, 뭐."해 버렸다.

그래서 결국 둘이 등록하고 수영복에 모자, 안경까지 일습을 장만했다. 돌아오는 길에 진산이 말했다. "수영을 한다는 명목으로 70만 원이나 썼으니 어쩐지 운동 안 해도 될 것 같은 뿌듯함이 밀려오는구려." 재빨리 대꾸했다. "그럼 돈 쓴 가치로 충분하니 그걸로 만족하고 수영은 관둡시다."

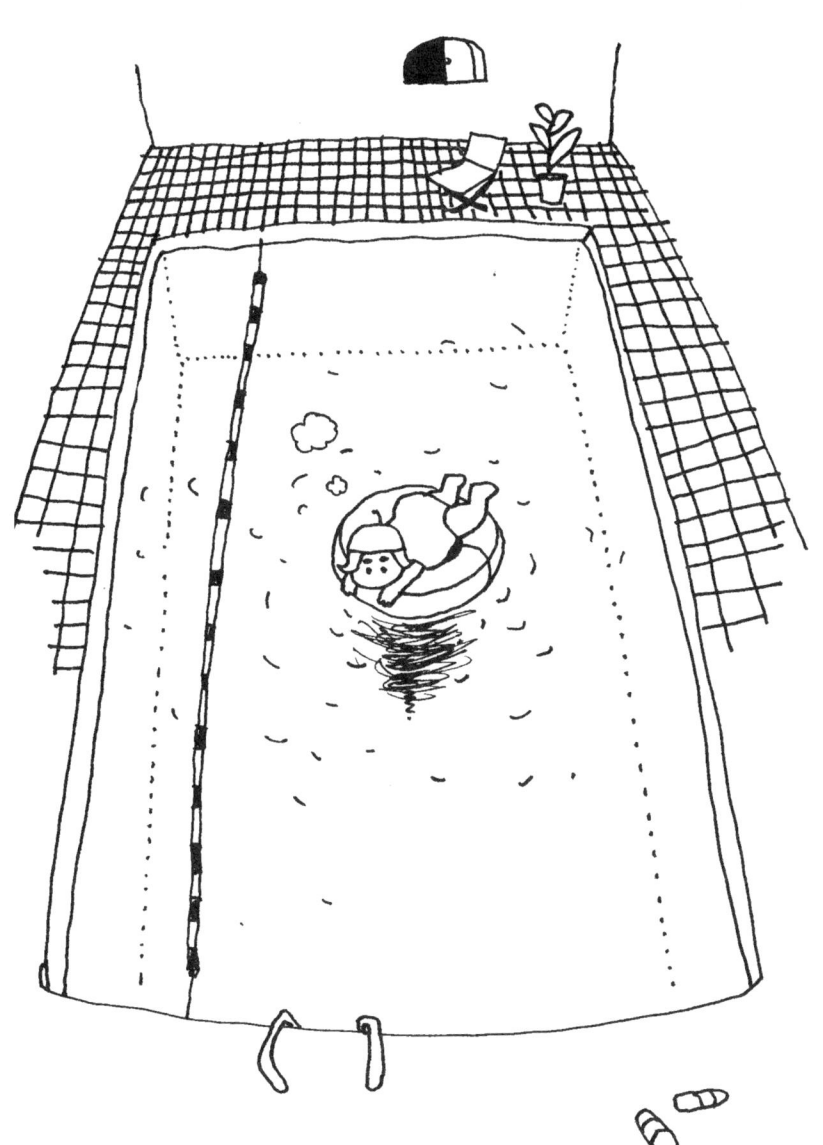

집에 돌아와서 괜히 등록했다고 후회하고 있는데 진산의 비명이 들려왔다. "수영복에 몸이 안 들어간다~. 앳" 뚱뚱해서 수영복이 작아서 못 입는 것이다. 하하 웃고는 말했다. "그건 날씬해졌을 때 입도록 내버려두고 내일 백화점에 가서 수영복 새로 삽시다. 뚱보용으로." 진산이 웃으며 되물었다. "뚱보용으로?" (근래 생존 본능이 현저히 감퇴한지라) 살기를 눈치 채지 못하고 고개를 끄덕였다. "응, 뚱보용으로."
(이하 생략) –_–

그 수영복은 그 후 몇몇 여성 동지들의 비누칠을 하고 입으면 된다는 친절한 조언에 힘입어 착용할 수 있게 되었다. 그래서 결국 수영장에 갔다.
나나 진산이나 바닷가 출신이라 개헤엄은 칠 줄 안다. 하지만 음파~음파~ 하는 스포츠 수영은 새로 배워야 하는데, 나는 대학 시절에 수영을 수강한 일이 있어서 대충 하지만 진산은 전혀 못 한다. 그래서 진산이 수영 코치에게 배우는 동안 나는 따로 자유 수영을 했다. 세 번쯤 수영장을 왕복하니 피곤했다. (재미도 없었다) 게다가 뒤에서 따라오는 아줌마가 무척 열심히 수영을 하는데다가 속도도 나보다 빨라서 계속 거치적거렸다. (그쪽에선 내가 거치적거렸겠지만) 그때 수영장 한쪽 구석에 있는 반신욕탕이 보였다. 수영장에 그런 게 왜 있는지 모르겠지만 거기 들어가서 쉬었다. 한참 지나니 때가 부는 게 느껴졌다. *_* 얼른 나와서 샤워장에 가서 때를 밀고 생각했다. 이참에 나가서 반찬거리나 쇼핑한 다음 (쇼핑센터가 붙어 있는 곳이었다) 돌아와 입구에서 기다리면 진산이 나올 시간에 댈 수 있겠군.
그래서 그렇게 했다.

50분 꽉 채워 수영 훈련을 하고 나온 진산이 그 이야기를 듣고 비명을 질렀다. "그건 반칙이야~! 당신도 나랑 같이 개고생을 해야지~!" 나는 훗 웃으며 말했다. "수영, 그거 좋은 것이더구려. 개운하네." 진산이 외쳤다. "당신이 한 건 목욕이지 수영이 아니라굿!"

집 앞까지 택시를 타고 돌아왔는데, (50분 수영에 파김치가 된) 진산은 몇 걸음 남지 않은 귀갓길도 힘겨운지 날 잡고 매달리며 말했다. "여보, 그 쇼핑백에 나도 넣어서 가져가 주면 안 될까?" 내가 되물었다. "반찬들 틈에 끼고 싶다는 거요?" 진산이 고개를 끄덕였다. "응, 반찬들이랑 친하게 지내고 싶어."
차마 그러진 못하고 밀고 당겨서 (진산을) 집에 겨우겨우 들여다 놓았다.

진산이 이번엔 며칠이나 나가고 포기할까?

오토바이

수영장 가려고 셔틀버스를 기다리는데 안 와서 택시를 탔다. 택시 안에서…….

진산 : 오토바이를 두 사람이 타고 가면 불법인가?
좌백 : 글쎄, 둘 다 헬멧 쓰면 상관없지 않나?
진산 : 면허 시험 본 지 하도 오래돼서 도로교통법 다 잊어버렸네.
좌백 : 왜? 오토바이 사게?
진산 : 택시 타고 수영장 오가는 건 너무 사치스럽잖아.
좌백 : 그럼 당신은 오토바이 사서 타고 다니시오. 난 그냥 택시 타고 다니겠소.
진산 : 오토바이를 타고 질주하며 "자갸~, 사랑해~!" 뭐 이러면 멋있을 것 같지 않소?
좌백 : (멋있을지 생각해 봤다. 아줌마가 운전하는 오토바이 뒷자리에 탄 아저씨가 "자갸~, 사랑해~!"라고 외치면 멋있을까? 웃겼다) 푸하하하~! (택시 기사 아저씨도 웃었다)

수영장에서 돌아오며.
진산 : 저번보단 덜 지치는구려. 체력이 남았어. 걸어갈 체력은 되니 이제 안심하시오.

잠시 후, 20미터쯤 왔을까.
진산 : 어부어부.
좌백 : -_-
진산 : 내 체력의 한계는 저기서 여기까지였나 보오.

프로 게임단

최근 프로 게임단 Plus팀이 스폰서를 잡았다. 화승 르까프란다. 르까프 운동화 하나 사 줘야겠다는 생각이 든다. 하여간 이번에 지원하는 규모가 15억이다. 선수단 숙소, 11인승 밴, 연봉 합쳐서 그렇다고 한다. 그걸 보고…….

좌백 : 쳇, 언제 15억 벌어서 프로 게임단을 만드나? (해마다 들어갈 돈은 생각하지 않는다)
진산 : 그냥 날 후원하면 돼. 내가 프로게이머잖아. (프로게이머만큼의 연습량을 소화하는 진산, 돈을 버는 게 아니라 돈을 쓴다는 의미에서도 프로다)
좌백 : 젠장. (더 우울해진다)
진산 : 우선 후원의 의미로 게임하면서 먹을 수 있는 종류로 밥을 해오시오. 아, 비빔밥이 좋겠군.

해 줬다. -_-

고장 난 전축

부엌 근처에서 진산의 목소리가 들려왔다.
진산 : 밥 먹자~! 근데 반찬이 없네?

못 들은 척했다. 목소리가 가까워진다.
진산 : 밥 먹자~! 근데 반찬이 없네?
진산 : 밥 먹자~! 근데 반찬이 없네?

일어나며 말했다.
좌백 : 고장 난 전축이냐?
진산 : 밥먹~, 밥먹~, 밥먹~! (다큐멘터리 해설자 어조로) 판이 튄다.

밥 먹다가 재미있는 이야기 하나 해 준 후.
좌백 : 자, 내가 이야기 하날 했으니 당신도 하나 하시오.
진산 : 옛날에 말이지……, 부부가 살았는데 겁 없는 남편이 마님한테 자꾸 이야기해 달라고 조르다가 죽도록 맞았대.
좌백 : ……내가 다시 재미있는 이야기 하나 해 주지. 뉴스에서 봤는데 말야, 연인이 있었어. 근데 여자가 남자를 폭행해서 구속됐대. 그 폭행한 이유가 재밌어. 남자가 자기랑 안 놀아 주고 게임만 했다는 거야.
진산 : (진지하게) 실화야?
좌백 : 뉴스에 나오더라니까.

갑자기 진산이 어깨를 안마해 준다.

현실성

밥솥이 빈 걸 보긴 했지만 그냥 잤다. 잠결에도 그게 신경 쓰였던 것 같다.
일어나자마자 밥솥부터 확인했는데……, 놀랍게도 밥이 있다!!!
진산에게 가서 물었다.

나중에 진산이 한 말로는 물의 양을 못 맞춰서 밥맛이 엉망이었다고 한다.

파출부

밥 차리고 진산을 불렀다. 잠시 후 진산이 오더니 말할까 말까 머뭇거리다가 내 팔을 잡고 말했다.

진산 : 미안하오, 여보. 당신이 파출부가 되었다오.

진산의 설명은 이랬다.
와우 공대장*으로 활약하는 동안 진산은 철저하게 정체를 숨기고 있었지만 조금씩 베일이 벗겨져서 이제는 아줌마라는 신분 정도는 드러난 모양이다. 그런데 게임하다가 내가 부르자 '그만 밥 차려 놨다고 먹으러 오라네. 나 그만 나가 볼게.'라고 한 것이다. 애들이 묻더란다. '누나는 게임하고 있는데 누가 밥 차려요?' 순간 당황한 진산……, 어버버 더듬거리다가 말했단다. '파출부 아줌마가.' 그리고 이어진 반응. '우와! 누나 졸라 잘사나 봐요, 파출부도 있고…….' 뭐 이런 말을 들으며 나왔다는 거다.

좌백 : 드뎌 파출부로까지 불려지다니……. OTL

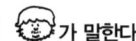가 말한다

> 와우 공대장 : 마님의 현재 직업. 사전에서는 '생계를 유지하기 위하여 자신의 적성과 능력에 따라 일정한 기간 동안 계속하여 종사하는 일'이라고 직업에 대해 설명하고 있다. 40명의 부하들을 거느리고 하루는 용을, 또 하루는 불꽃 거인을 잡으며 공대장이라는 막중한 임무를 수행하는 마님의 활약상이 궁금한 사람은 마님의 마르스(http://www.murimpia.com/tt/mars/)에 들어가 공격대 이야기를 찾아 읽기 바란다. 가녀리고 착한 마님이 ㅡ.ㅡ 피도 눈물도 없는 철혈의 공대장으로 변해 가는 모습이 자세하게 그려져 있다. 물론 재밌다.

마녀

진산이 자는 사이 외출했다가 돌아왔더니 깨서 날 보고 선언했다.

진산 : 오늘부터 다이어트할 거야!
좌백 : 저런……, 삼겹살 사 왔는데.
진산 : 아악~! 너무해~!
좌백 : 일단 한 판 먹고 시작하지?
진산 : 안 돼~! 냄새도 풍기지 마랏! 그딴 거 앞으로 사 오지 마랏! 오이나 당근만 사다 놔!

그러거나 말거나 삼겹살 구워서 식사 준비하고.

좌백 : 먹을 테야?
진산 : 저리 가랏, 사탄아!

살구도 사 왔기 때문에 조각내서 가져갔다.

좌백 : 살구는?
진산 : 그건 먹지.

이번엔 샌드위치 만들어서 가져갔다.

좌백 : 이건?
진산 : 미웨! 이 마녜! 통통하게 살찌워서 잡아먹을 셈이짓!
좌백 : 헨젤과 그레텔의 그 마녀?
진산 : 응.

좌백 : 훗, 그럼 맞다고 치지. (진산의 팔을 만지며) 아직 덜 됐군. (샌드위치 접시를 들며) 뭐, 그럼 안 먹겠다고?
진산 : (접시를 잡으며) 두고 가랫!

우렁각시

밥을 새로 해야 할 텐데 생각하며 밥솥을 열었더니 한 그릇 퍼먹은 새 밥이 보였다. 진산에게 달려가 외쳤다.

어제 외출하기 전에 반찬으로 먹으라고 미리 갈비를 구워 놨지만 밥솥 빈 건 미처 확인을 못 한 바람에 진산이 직접 짓게 되었다는 이야기다.

왜 낳았어!

장인어른과 장모님이 우진이를 데리고 오셨다. 함께 나가서 외식을 했다. 식사 중에.

장모님 : 우진이가 말썽을 부려서 꾸짖었더니 뭐라는지 아니? "그렇게 내가 미우면 왜 낳았어!" 그러는 거야. 그래서 "나, 너 안 낳았다. 널 낳은 건 네 엄마지." 그랬더니 "함미(우진이의 가족 호칭)가 엄마 낳았고 엄마가 날 낳았으니까 다 함미 책임이야!" 그러는 거야.
진산 : (우진이를 향해) 내가 책임지마. 도로 넣고 꼬매 버릴 테다.
우진 : 에구~.
장모님 : 네 엄마는 나처럼 호락호락하지 않아. 나니까 봐준 줄 알아.
진산 : 모름지기 사람은 말야, 밥 주는 사람 말을 들어야 하는 거야. 화나서 밥 안 주면 어쩔 테냐!
장모님 : (역성) 그래그래. 그래서 네 엄마도 밥해 주는 아빠 말을 잘 듣잖아.
좌백 : ……. (그건 좀 아닌 것 같은데……. 애 교육 중이니 참자)
우진 : 아냐! 엄마도 아빠한테 어부어부 하면서 괴롭히잖아!
진산 : (목에 뭐 걸린 듯한 표정을 짓다가) 엄마가 아빠한테 어부어부 하는 건 아빠를 괴롭히는 게 아냐! 그건……, 애교야 애교! (날 보며) 그치~이?
좌백 : (조용히) 그 애교 좀 덜 부렸으면 좋겠어…….
진산 : (내겐 주먹을 쥐어 위협해 보이고 다시 우진이에게) 하여간 개기면 도로 넣고 꼬매 버릴 테다!
우진 : 뱃속에서 발버둥치면?
진산 : 주먹으로 내 배를 때리는 거지. 그럼 넌 매 맞는 거고……. 음하

　　　　　하……!
우진　: 위로 올라가서 심장을 때리면?
진산　: 얌전히 안 있고 왜 돌아다녀! (버럭) 그럼 가슴을 두다다다 치지.
우진　: 그럼 다시 아래로 내려가서 위를 잡으면?
진산　: 시끄렛! 계속 개기면 정말 도로 넣고 꼬매 버린다!

잠시 조용해졌다가.

우진　: 나도 웃기지만 엄만 나보다 열 배는 더 웃겨.

생일 전화

전화가 왔다.

좌백 : 여보세요?
우진 : 응~, 아빠. 우진인데~, 아빠야? (이 녀석 말투에는 아직 어린애 어조가 있다. 당연한가?)
좌백 : 그래, 아빠다.
우진 : 응~, 깜빡하고 지나갔는데~. 어제 아빠 생일이었어~? 지금이라도 축하 인사 하려고~.
좌백 : 음, 그래. 고마워~. (나도 모르게 어조를 따라 하게 된다)
우진 : 응~, 근데~, 어제 미역국은 먹었어~?
좌백 : 아니~. (문득 분한 어조로) 니네 엄마가 말이다, 글쎄 미역국도 안 끓여 주더구나!
진산 : (듣고 있다가) 에잇, 그런 걸 애한테 고자질하다닛~!
우진 : 저런~!
좌백 : (어조를 바꿔) 근데 아빠가~ 그냥 국 끓여 먹어서~ 괜찮아~.
우진 : 아~, 그렇구나~. 아빠, 생일 축하해~.
좌백 : 응~, 그래. 근데~ 언제 놀러 올 거야~?
진산 : (팔을 벅벅 긁는다)
우진 : 으응~, (잠시 생각) 시간 나면~.
좌백 : (짜식, 29일에 놀러 오겠다던 건 벌써 잊었군) 으응~, 그래~ 그래라~. 잘 있어~.
우진 : 안녕~!
진산 : (수화기를 내려놓자 버럭) 당신 다신 그런 말투 쓰지 마시오! 닭살 돋아 죽을 뻔했소.
좌백 : (귀가 번쩍) 으흥~, 그렇게 닭살이었소오~?

진산 : 에잇, 퍽퍽!
좌백 : 그~러엄~, 맞아 죽어도 해야겠구려~.
진산 : 죽어라앗!

(이후 생략)

파이팅!

장인어른과 장모님이 게임에 빠져 가사도, 일도 돌보지 않는 진산의 건강을 걱정하며 말씀하셨다.
"우진이를 보내면 어떨까? 우진이 보살피기 위해서라도 게임 줄이고 양육에 전념하게 되지 않을까?"

아마 내 얼굴이 순간 창백해졌을 거다. 어젯밤 박언니와의 술자리에서 나온 이야기가 하루 만에 현실화될 줄이야.
술자리에서 나온 이야기는 이렇다.

좌백 🐯 : 우진이가 우리와 같이 살게 되면 어떻게 될지 걱정이야. 경우의 수는 셋 있어. 첫 번째, 진산이 갑자기 현모양처로 돌변해서 우진이 밥해 먹이고 옷 입혀서 학교 보내고, 돌아오면 놀아주고……. 두 번째, 마음을 봉양하는 삼돌이 일에 자식 돌보기 미션도 추가돼서 집필은 완전히 포기하고 정말 전업 주부가 되는 좌백. 세 번째, **폐인 생활 하는 부모를 모시는 소년 가장 우진이**.
일동 : 세 번째가 제일 가능성 높아요!

그 이야기를 장인어른과 장모님께 전하자 다행히 우진이 서울 보내기 계획은 접기로 하셨다.

집에 돌아와서 진산에게 이상의 이야기를 전하고 만약 우진이를 우리가 돌봐야 하는 상황이 오면 어떻게 할 거냐고 물었다. 곰곰 생각하던 진산이 말했다.

진산 🐲 : 여보.

좌백 : 응?
진산 : 파이팅!
좌백 : 무슨 뜻이오?
진산 : 들은 대로요.

아들 교육

장인어른과 장모님이 휴가 나온 처남과 함께 우진이를 데리고 올라와서 같이 식사하는 중에…….

장모님 : 학교에서 우진이를 괴롭히는 애들이 있어. 덩치도 제일 큰 것이 착해서 그냥 맞고 다녀.
좌백 : 그건 착한 게 아니라 바보죠. 왜 맞고 다녀?
우진 : 그냥 참는 거야.
좌백 : 참지 말고 같이 때려.
우진 : 여럿이 그러면?
좌백 : 의자로 후려쳐. 의자에 맞아도 죽거나 크게 다치진 않거든.
우진 : 책상을 들어서 때리는 게 낫지 않아?
진산 : 책상은 들기 불편하잖니. 의자가 손잡이도 있고 좋아.
장모님 : 집에서 늘 싸우지 말고 참으라고 교육을 시키는데 부모들이 뭐 하는 짓이야?
장인어른 : 나쁜 물 들겠소. 얼른 데려갑시다.
좌백 : 참는다고 다른 애들이 봐주거나 하는 것 따위 있을 줄 아세요? 반항 않고 그냥 맞기만 하면 만만하다고 더 괴롭혀요. 그건 부모도 선생도 못 말리고요.
장모님 : (처남을 가리키며) 얘도 어렸을 때 괴롭힘 당했는데, 내가 그 애들한테 뭐라고 해서 해결해 줬잖아.
처남 : 사실 말은 않았는데……, 그 다음 날 고자질했다고 또 맞았어.
장모님 : (허걱) 그랬니? 왜 말 안 했어?
처남 : 엄마가 또 나설까 봐 무서워서. 뭐 그냥 나중에 내가 태권도 배우면서 해결했지.
진산 : 그래그래. 나도 어렸을 땐 유달리 이쁘고 암전해서 (여기서 뺨에

	손가락 찍고 이쁜 척) 괴롭힘 많이 당했잖아.
장모님 :	(또 허걱) 그랬니?
진산 :	그래서 하루는 제일 괴롭히는 녀석한테 또 괴롭힘 당하다가 눈이 뒤집어져서 길가에 뒹구는 죽은 쥐를 들고 그걸로 얼굴을 때려 줬지. 퍽퍽! 그 후로 남자애들이 다 날 무서워했어. 음하하.
좌백 :	괴롭힘 당하는 건 자기가 싸워서 해결하는 것 말곤 방법이 없어요.
장모님 :	그래도 그러다가 맨날 싸우고 다니는 애가 되면…….
진산 :	인생 자체가 싸움이지 뭘. 우진아, 담에 또 누가 괴롭히면 말야, 주먹을 꼭 쥐고 코를 때려 버려! 코피 나면 싸움 끝이잖아. 우리 가문에서도 일진 짱 하나 내 보자. 음하하.
우진 :	꼬추를 때리면?
좌백 :	남의 대 끊어 놓을 일 있냐! 그냥 코를 때려.
우진 :	여자는?
좌백 :	(웃) 여잔 때리지 마.
진산 :	여자애가 널 괴롭힐 땐 말야, 불러서 이렇게 말해. 여자들은 관심 있는 남자를 괴롭힌다고 엄마가 그러셨어. 너, 정말 나한테 관심 있냐? 미안하지만 내 마음은 다른 사람한테 가 있어. 그러니 이쯤에서 그만 잊어 줘.
좌백 :	그랬다간 진짜 죽도록 괴롭힘을 당할지도…….
진산 :	그럼 하는 수 없이 때려야지. 때려 주고, 인생 책임지겠다고 해.
장모님 :	(반색) 외손주머느리 키워 줄 의향 있다.
진산 :	근데 걔 이뻐? 안 이쁜 앤 싫어.
장모님 :	한 번 봤는데, 이뻐.
진산 :	그럼 책임져도 돼.

좌백 : (모녀가 놀고 있게 두고 우진이에게) 아빠 말은 말이다……, 노상 싸우고 다니라는 게 아니라 그냥 맞고만 있으면 안 된다는 거야. 남이 한 대 때리면 너도 한 대 때릴 줄은 알아야 된다는 거지.

우진 : 두다다다~ 때리면 몇 대 맞았는지 못 세잖아.

좌백 : 암마, 그땐 너도 두다다다~ 때려야지! 중요한 건 말야, 그냥 맞고만 있지는 않는다는 걸 알게 한다는 거야. 때리는데 가만있어 봐라. 심심하면 또 때리지.

진산 : 그러게. 어유, 이 통통한 거 봐라. 때리고 싶게 생겼잖아. 그냥 맞고 있으면 딴 애들도 어디 나도 한 번 때려 보자, 이렇게 된단 말야.

좌백 : 그러니까 정리하자면 말이지……, 누가 괴롭히면 참지 말고 때려. 코를 때리란 말야. 그리고 여럿이서 괴롭히면 의자를 휘둘러. 이기고 지는 건 중요하지 않아. 가만히 맞고 있지 않는다는 게 중요해. 알겠니? 다치는 애 나오면 엄마 아빠가 책임질게.

진산 : 그래. 아빠를 학교로 보내면 상황 끝이야. 다들 조폭인 줄 알 테니까.

좌백 : 그건 좀……. -_-

진산 : 우진이, 너 말야. (눈 부릅뜨고) 반년 후에도 맞고 다닌다는 소리 들리면 서울로 데려와서 검도장이나 태권도장 다니게 하면서 특수 훈련을 시킬 거야. 아님 차라리 소림사로 유학 보내 버리거나. 그러니 알아서 잘해!

마지막 위협이 좀 먹힌 것 같다. 소림사로 보낸다는 것 말고, 서울로 데려온다는 말에 약간은 겁먹은 듯하다.

그나저나 이놈의 세상이 어떻게 되려고 초등학교 2학년짜리들이 삥을 뜯는다는 건지 모르겠다. 우진이를 제일 괴롭히는 녀석이 우진이에게 딴 애한테서 돈 뺏어 오라고 시켰다는 거다. 거부하는 바람에 또 맞았다는데……. 그놈이 또 그러면 된통 패 버리라고 했다. (애들 싸움은 기세지 기술이 아니니까)

억울하다

진산이 홈페이지에 이런 글을 올렸다.

요새 글을 다시 쓰면서 좌백을 매일 닦달하여 찬사를 쏟아 내놓으라고 요구했다. 비실비실 피하던 좌백, 오늘 아침에 술을 마시더니 매우 독특한 찬사를 내놓았다.

좌백 : 당신의 글은 참으로 훌륭해. (조금 혀가 꼬이기 시작) 자, 논리적으로 생각해 보시오. 내가 왜 당신하고 결혼했겠소? **당신이 밥을 잘해? 인간성이 좋아? 여성적 매력이 흘러넘쳐? 뭐 하나 볼 거 없잖아?** 그런데도 결혼하고 참고 사는 것은 당신의 천재적 능력을 일찍이 알아본 내가 가까이 모시고 시봉하면서 그 천재성의 편린이라도 호흡해 보는 영광을 누리기 위해서지. 다시 말하지만 (이 말을 할 때 유달리 목소리에 힘이 들어간다) **당신이 인간적으로는 정말 볼 거 하나도 없잖아.** 그러니까 남는 건, 내가 당신 글을 정말 좋아한다는 것뿐이지. 음하하……. 어때, 오랜만에 들어보는 특이한 찬사지?

찬사냐!

응징해 줬다.

이런 걸 보면 정말 사람은 듣고 싶은 대로 듣고, 믿고 싶은 대로 믿는다는 걸 알게 된다. 전에도 말했듯이 진산은 내가 어떤 찬사를 바쳐도 찬사로 안 받아들이는 버릇이 있다. 저 위의 말도 그렇다. 아마 저 글도 분명 내가 한 말에서 묘하게 표현을 바꿔서 올렸을 게 분명하지만 **응징의 결과**로 원래

했던 말을 그대로 기억하지 못하는 고로 표현은 관두고 강조만 바꿔서 다시 읽어 보자.

좌백 : 당신의 글은 참으로 훌륭해. (조금 혀가 꼬이기 시작) 자, 논리적으로 생각해 보시오. **내가 왜 당신하고 결혼했겠소?** 당신이 밥을 잘해? 인간성이 좋아? 여성적 매력이 흘러넘쳐? 뭐 하나 볼 거 없잖아? 그런데도 결혼하고 참고 사는 것은 **당신의 천재적 능력을 일찍이 알아본 내가 가까이 모시고 시봉하면서 그 천재성의 편린이라도 호흡해 보는 영광을 누리기 위해서지.** 다시 말하지만 (이 말을 할 때 유달리 목소리에 힘이 들어간다) 당신이 인간적으로는 정말 볼 거 하나도 없잖아. 그러니까 남는 건, 내가 **당신 글을 정말 좋아한다는 것**뿐이지. 음하하……. 어때, 오랜만에 들어보는 특이한 찬사지?

보통은 낯간지러워서라도 못 할 엄청난 찬사 아닌가? 이런 찬사를 바치고도 응징을 당하다니 **나 정말 억울한 거 있지.**

바보

진산이 날 포옹하고 말했다. 그리고 또 말했다. 보통 진산이 이렇게 말하는 데는 특별한 이유가 없다.
그래서 그냥 애치이거니 하고 만다.
하지만 오늘은 농담으로 대꾸했다.

나도 내가 정말 바보구나 생각했다.
딴때는 말하고 바로 방으로 도망가서 문잠그고 숨는데,
오늘은 그만 깜빡해 버렸다.

진산이 계속 패면서 말했다.

맞는 것보다 더 충격이었다. 젠장.

삼둘이는 행복하다

'인생은 연극' 이라고 셰익스피어가 말했다.
'인생은 농담' 이라고 나는 말한다.

시트콤 인생

우리 부부는 둘 다 집에서 일하는 직업이다 보니 거의 24시간 같은 공간에서 지내게 된다. 잘 모르는 사람들은 늘 같이 지낼 수 있으니 좋겠다고 말하지만 사실 이게 그리 좋은 일은 아니다. 늘 같이 있다는 건 싸울 기회도 그만큼 많다는 이야기도 되기 때문이다. 우리처럼 예민하고 인내심이 별로 없는, 각자의 주관도 괴팍하다는 소리를 들을 정도로 뚜렷한 사람들은 더욱 그렇다.

그래서 필요한 게 혼자일 수 있는 공간과 시간이다. 그리고 농담이다. 아무래도 이야기할 기회가 많다 보니 늘 진지하게만 하면 금세 피곤해진다. 결혼 초기엔 그래서 사소한 걸로도 자주 다퉜다. 살아가면서 요령이 생겨서 무슨 대화건 농담을 섞어서 하게 됐는데 그걸 몇 년째 해 오다 보니 이젠 거의 모든 대화가 반 농담이 돼 버렸다. 그래서 나온 대화.

진산 : 그래, 이제 여성적 매력도 없고 인간적 매력도 없이 남은 건 개그뿐이라는 거군.
좌백 : 난 어떻소? 나도 당신에게 어필하는 건 개그밖에 안 남았잖소.
진산 : 그럼 앞으로 우리에게 남은 인생은 시트콤인 건가? 그건 너무 하잖아!

결혼

좌백 : 모 작가가 다음 달에 결혼한다고 하더구려.
진산 : 저런! 어쩌다 그렇게 됐다오? 발목 잡혔구려.
좌백 : 나도 '저런! 쯧쯧…….' 해 줬소.

팬 서비스

진산 : 당신 블로그에 올린, 감옥에서 당신 책 넣어 달라고 했다는 모 의원이 누구요?
좌백 : 지금은 의원직 떼여서 전 의원이 된 누구누구요.
진산 : 그 누구누구 의원이라면 요즘 이러저러한 일로 감방에 가 있는 그 의원 아니오?
좌백 : 그렇다나 보구려.
진산 : 재미있는 생각이 떠올랐소. 당신 지금 쓰는 비적유성탄*에 탈옥 장면을 넣는 거요. 그리고 그 책을 그 의원한테 증정하면서 앞에다가 이렇게 쓰는 거요. '도움이 되시길 바라며'라고. 그런 게 진정한 팬 서비스 아니겠소?
좌백 : ……. (팬 괴롭히기가 더 적당한 표현 아닐까?)

가 말한다
비적유성탄: 좌백이 가장 최근에 쓴 무협 소설. 짱돌 하나만 들고 무림 고수들을 때려잡고 세상에서 하고 싶은 일이라곤 하나도 없는, 그냥 사는 게 심심한 이 무협 소설의 주인공은 왕필이다. 구하기 힘들지만(중간에 출판사도 바뀌었다) 구해서 읽어 본다면 후회하지 않을 것이다. 개인적으로 좌백의 팬인 박언니로선 그의 마지막 무협 소설이 되지 않기만을 바랄 뿐이다.

지인만담

화요회 모임에서 있은 일.
당구를 한 게임 친 일행은 당구장에서 나와 아귀찜집으로 이동하기 직전 진산을 꼬셔서 나오도록 하고 일행은 당구장 앞에서 기다렸다. 집은 아무리 천천히 걸어도 3분 거리다. 그러나 진산은 10분쯤 후에 도착했다.

기다리면서.

"집이 먼가요?"
"아니, 3분 거리야."
"그럼 왜 안 오죠?"
"화장하고, 옷 골라 입고 나오려면 시간 좀 걸리지 않겠어요?"
— 진산을 잘 모르는 사람.

"진산님 그런 거 안 하잖아. 입던 옷 그대로에 화장도 않고 (어쩌면 세수도 안 하고) 나오는 게 진산님 아닌가?"
— 진산을 아는 사람.

"진산 걸음이면 아직 안 오는 게 당연하지. 지금쯤 현관은 통과했을까? 현관 나와서 5미터쯤 오다가 멈춰 서서 내가 왜 나온다고 했을까 후회하고 있을 거야."
— 진산을 많이 아는 사람.

"다시 들어갈까 고민하고 있을지도."
— 진산을 아주 잘 아는 사람.

"방금 하신 말씀들, 진산님 오시면 다 일러 줄 거예요."
— 게임의 법칙을 아는 사람.

"제발 그것만은!"
— 일동.

스타리그

동탄에서 살 때의 일이다. 살던 집이 토지 수용을 당해 보상을 받고 이사를 가야 했다. 보상금 받으면 적당한 아파트 사서 이사 가기로 이미 결정한 상태라 언제 이사 가게 되어도 상관은 없었다. 우리 관심사는 그렇게 아파트 사고도 남을 만큼 보상금이 들어올 것인지, 만약 남는다면 그 돈으로 뭘 할 건지 하는 거였다. 한 1억쯤 남는다고 치고 나눴던 그때의 대화.

진산 : 역시 재테크는 땅 아니겠소. 시골에 땅을 사는 거요. 당신이 그렇게 원하는 동해 바닷가에 땅을 사서 시간 나고 돈 될 때마다 조금씩 집을 짓는 거지. 은퇴 후 주거용으로. 우선 건축 허가 같은 건 안 받고 조금씩 만들다가 공무원들이 뭐라고 하면 "이건 건축이 아니고 흙장난하는 건데요."라고 하는 거지. 음하하.

좌백 : -_-

진산 : 그게 아니면……, 주식은 머리 써야 하니까 귀찮으니 경마를 하는 거요. 확실한 말에다가 몽땅 거는 거지. 배당 1.2라도 1억쯤 몰아서 걸면 2,000만원은 벌 수 있잖소.

좌백 : 그러다 그 말이 발이 걸려서 깨꼬닥 넘어지기라도 하면?

진산 : 999 터지고 우린 속 터져 죽는 거지. 그럼 그냥 마주를 하면? 말 한 마리 사서 가끔 보러 가는 거요.

좌백 : 말 한 마리가 1억으로 살 수 있는 건 줄 아시오? 그냥 주식을 하시오.

진산 : 좀 귀찮지만 그래 보지. 대신 다 잃어도 딴말 않는 거요? 당신이 자금을 벌어다 주면 난 게임한다 생각하고 함 즐겨 보겠소.

좌백 : 그러시오.

진산 : 그보다 우리가 문학 공모전을 하면 어떻소? 돈 벌 생각 말고 그냥 한번 멋지게 써 보는 거지.

좌백 : 한 회로 끝이고?
진산 : 다음 회는 예산 관계로 연기가 되는 거지.
좌백 : 흐흐…….
진산 : 하는 수 없이 우리가 제일 금기로 하는 투자를 해야 하나?
좌백 : 그게 뭔데?
진산 : 출판사 세우는 거.
좌백 : 관둡시다. 출판사는 아무나 하는 게 아닙니다. 총판, 서점, 작가는 물론 독자들에게까지 굽실거리며 해야 한다오. 난 그 짓 못 하오.
진산 : 쳇……. 아, 제일 좋은 거 생각났소! 우리 이름을 걸고 스타크래프트 대회를 여는 거요! 좌백진산배 스타리그 어떻소! 온겜넷 같은 곳에 1억 던져 주고 대회 하나 하자고 하는 거지.
좌백 : (박수) 그거 좋구려!
진산 : 마님과 삼돌이배 스타리그도 괜찮지. 마님 리그와 삼돌이 리그로 나눠서 진행하는 거요.
좌백 : 마님 리그는 메이저, 삼돌이 리그는 마이너?
진산 : 당연하지. 아니면 그때쯤 나온 우리 신간 이름을 걸고 하는 거야.
좌백 : 짱돌로 암살을 하는 자객 비적 유성탄! 비적 유성탄이 후원하는 최고의 스타리그! 뭐 그런 거?
진산 : 민해연의 감성 로맨스 가스라기! 슬픈 운명을 넘어 운명의 사랑을 찾은 가스라기가 후원하는 최고의 스타리그! 뭐 이렇게 되는 거지.
좌백 : 지금까지 나온 아이디어 중에 최고요. 꼭 합시다. 노후 대책은 뭔 노후 대책이겠소.

진산 : 맞아, 살아 있을 때 즐기는 게 최고지.

가 말한다

결국 스타리그는 열지 못했다. 딱 이사 갈 만큼의 보상금이 나왔기 때문이다. 만약 정말로 1억 정도 여유 있게 보상금이 나왔다면? 좌백진산배 스타리그, 열고도 남았을 사람들이다. -_-

다음은 2006 월드컵이 한창일 때 좌백이 쓴 글의 일부이다. 좌백의 스타리그 사랑을 알 수 있다. -_-

MBC의 박성준, 박지호, 염보성, 셋을 두고 '박지성 라인' 이라고 부른다. 박성준의 박, 박지호의 지, 염보성의 성을 따서 만든 이름이다. 박지성이라는 건 축구 선수 이름으로 아는데……, 박지성 라인이라는 식의 네이밍이 가능할 정도로 잘하는 선순가 보다.

가끔 어떤 이름의 유명도 정도가 관심 여하에 따라 달라서 헷갈리는 경우가 있다. 물론 이건 내 경우지만……, 누가 박솔미로 검색했는데 여성 프로게이머 박솔미가 나와서 당황했다고 한다. —— 내 경우엔 당연히 그쪽 박솔미만 알고 있었다. 탤런트 중에도 박솔미가 있었단 말인가?

인생이란

진산이 레토르트 카레를 데우고 있다. 김치가 없는데 그냥 먹겠냐고 했더니 사 오란다. 편의점에 가서 사 왔다. 사는 김에 생수며 뭐며 이것저것 사느라 좀 늦었다. 그렇게 편의점에서 돌아왔을 때, 진산은 이미 식사를 마치고 빈 그릇을 개수대에 가져다 놓고 있었다. -_-

진산 : 늦었소. 이미 다 먹었다오.
좌백 : 저런!
진산 : 훗, 인생이 그렇지. 맛있는 반찬은 밥을 다 먹은 뒤에야 나오는 것.
좌백 : 과연······.

크루즈 여행

좌백 : 여보, 세계 일주 크루즈 여행이라는 게 있구려. 일테면 사랑의 유람선 같은 건데 140일 일정에 6,200만 원이래. 이거 한번 가보지 않겠소?

진산 : 그건 갑자기 왜?

좌백 : 배 타고 140일 푹 쉬었다 오는 거지. 중간에 갈아타는 거 없이 그냥 배에 실려 둥실둥실 떠다니기만 하면 되니 우리 타입에 딱 맞는 여행법 아니오.

진산 : 둘이 함께 가려면 1억2,000이 넘게 드는데?

좌백 : 게임도, 적어도 와우는 안 될 테고 술친구도 없으니 그냥 틀어박혀서 글만 쓰는 거지. 여행 끝나면 여행기도 내고……. 그러면 1억2,000못 벌까? (잠시 생각) 못 벌겠군.

진산 : 인터넷에 여행기를 연재하면 어떨까? (잠시 생각) ……엄청 지루한 여행기가 될 것 같소. ……여행 13일째, 오늘도 방에서 잠만 잤다. ……여행 14일째, 계속 잤다. ……여행 15일째, 스페인에 기항했다. 다들 관광차 상륙했지만 우린 귀찮아서 안 내리고 방에서 계속 잤다.

좌백 : ……여행 18일째, 무도회가 열렸지만 춤을 못 추기 때문에 불참했다.

진산 : ……여행 19일째, 외국인이 뭐라 뭐라 하는데 못 알아들어서 방으로 도망쳐 들어왔다. 어지간하면 나가지 말아야겠다.

좌백 : ……여행 24일째, 지루해 죽겠다. 바다 위라서 어디 도망갈 수도 없고……. 누가 이 감옥에서 나 좀 꺼내 줘!!!

진산 : ……여행 36일째, 폭풍이 지나갔다. 좌백은 지난 사흘간 연속으로 술 마시고 해롱거리느라 폭풍이 왔다 갔는지도 모른다.

좌백 : 관둡시다. 가 봤자 돈만 날리겠구려. -_-

박진감 넘치는 경기중계

밥 먹으면서 FTV(낚시 방송 말이다)를 보고 있었다. 어떤 낚시 대회를 녹화 중계해 주고 있었다. 낚시 관련 업체가 주관하는 무슨 프로암 대회라고 하는데 대상 어종은 벵에돔. 낚시에도 프로가 있다. 자격 조건은 잘 모르겠지만 협회에 등록된 프로 조사들이 있는데 바로 그런 프로 조사들이 참가해서 하니까 프로암 대회겠지?

참가한 선수는 열네 명. 1라운드는 둘씩 붙여서 토너먼트로 한단다. 한 갯바위 포인트에 두 명씩 떨궈 놓고 두 시간 동안 잡은 벵에돔의 수와 무게를 따져서 승패를 가린다. 갯바위 포인트를 돌아다니며 찍으려면 배 타고 돌아다녀야 하니까 무리인지 한 포인트에서 하는 두 사람의 시합만을 샘플로 중계해 준다.

방송 시작한 지 20분이 지났다. 생중계가 아니라 방송 속에서는 두 시간이 지나갔다. 그 시간 동안 한 조사가 벵에돔 한 마리를 낚았다. 다른 조사는 한 마리도 못 낚았다. 어쨌든 결과는 1대 0.

보고 있던 진산이 고함을 질렀다.
이렇게 박진감이 넘치는 경기를 보았나! 이따위 경기 중계를 보고 있다니, 그야말로 신선 놀음 아닌가!

1라운드 결과 일곱 명이 남았다. 각자 자기 포인트에서 한 시간 20분 동안 낚시를 해서 상위 세 명이 최종 라운드에 진출한다. 방송 시간으로 10여 분 후 2라운드가 끝났다. 두 명이 한 마리씩 잡았다. 한 명이 모자라자 1라운드에서 잡은 것으로 누적 점수를 매겨 한 명을 더 추가한다. -_-

마지막 라운드. 다시 방송 시간으로 10분이 지났다. 세 명 다 한 마리도 못 잡았다. 결국 1, 2라운드의 누적 점수로 우승, 준우승을 결정. 우승자가 잡은 벵에돔은 총 세 마리로 누적 무게는 870그램 정도.

옆에 누워 책 읽는 틈틈이 보던 진산이 다시 버럭.
정말 재밌는 경기로세! 두 시간 동안 골 안 난다고 축구 재미없다던 당신이 이따위 경기 중계를 보다니 뭔가 잘못된 거 아냐?

조용히 대답했다.
방송 시간으로는 50분밖에 안 되잖아. 그래도 우승이 870그램인 건 좀 심하네. 요즘은 횟집에 가도 1킬로그램 이하로는 안 파는데. 우리나라 어족 자원 문제가 심각하긴 한가 봐……. 중얼중얼.

진산은 듣지 않고 방으로 들어가 버렸다.

영월에서

2005년 7월 좌백, 진산, 박언니 셋이 영월로 여행을 떠났다. 당시 영월에 근무하셨던 얼음칼님의 간곡한 부탁(와서 놀아 달라는 -_-)에 못 이겨 어디 나가기 싫어하는 세 사람이 만나 어떻게 여행을 떠나는 데는 성공했지만……. 도착한 영월은 적막했다.

1탄 : 집에 보내 줘!

장릉까지 돌아보고도 시간이 펑펑 남은 진산, 좌백, 박언니 삼인조. 이미 집에 돌아가고 싶은 마음 120퍼센트.

좌백 : 내일 저녁 먹고 그냥 막차 타고 갈까?
진산 : 오, 그거 좋은 생각.
박언니 : 근데 여기 막차 저녁 6시인가 그래요. (저녁 먹고는 못 갈 시간)
좌백 : ……. 그럼 어쩌지?
진산 : 우리 귀양 온 거야? 갇힌 거냐구……. ;;
박언니 : 김 부장님이나 초록불*님이 뒤늦게라도 차 가지고 내려오시면 그 차 타고 갈 수 있을 텐데…….
진산 : (번쩍) 그럼 당장 두 분께 전화하죠. 그리고 구라를 치는 거야. "아, 형! 여기 영월인데 너무 좋다. 죽여요, 술도 좋고 경치도 좋고 천국 같아. 너무 좋아서 우리 여기 말뚝 박기로 했어요. 나중에 후회 안 하시려면 지금이라도 차 몰고 내려오세요."
좌백 : ……그래서 내려오면 "자, 올라갑시다." 하는 거야?
진산 : 그런 거지.

2탄 : 너무 할 일이 없어.

너무 할 일이 없어서 잠시 눈이 돈 진산.

진산 : 정 할 게 없으면 저기 래프팅이라도 하자.
좌백 : 래프팅하러 가면 피티 체조도 시킨다오.
진산 : 논다고 하는 일에 그 무슨 노가다!?
좌백 : 우리 꼴을 좀 보시오. 그거 해 주는 사람도 우리처럼 거동이 불편해(?) 보이는 사람들을 그냥 배에 태워 내려 보내고 싶겠소? -_-; 사고 나면 그 사람들이 책임져야 한다고.

문득 우리 삼인조를 둘러보니 정말 심란.

가 말한다
초록불 : 비공식 마님 팬클럽 회장. 마님의 길을 나도 따른다는 주의로 마님이 손을 대신 모든 분야의 책을 썼으며 심지어 마님이 손을 대지 않은 동화, 추리, 역사 소설까지 출간했다. 일명 죽작가의 길을 마님과 함께 가고 있다.

날 잊어줘

귀갓길에.

좌백 ☻ : 아무리 대접을 잘 받고 와도 여행은 역시 피곤한 거야.
진산 ㉑ : 그렇지.
좌백 ☻ : 하지만 그렇게 피곤하게 여행을 하고 돌아왔는데도 체중은 불어 있고…….
진산 ㉑ : OTL

진산 ㉑ : 이젠 날 집에서 꺼내지 마. 그냥 집에서 놀게 내버려둬 줘.
좌백 ☻ : 후후……, 계속 데리고 나가겠소. 집에 못 있게.
진산 ㉑ : 왜?
좌백 ☻ : 괴롭혀 주려고.
진산 ㉑ : 죽여 버릴 테다~! 동네 사람들~! 좌백이 날 괴롭혀요~!
좌백 ☻ : 말해 봤자 남들은 이해를 못 할 거야. "남편이 맨날 외식하자고 끌고 나가요. 여행하자고 억지로 데려가는 걸로 괴롭혀요!" 이러면 누가 이해하겠소?
진산 ㉑ : -_- 이렇게 밝은 시간에 돌아다니는 건 언데드의 본성에 어긋나. 난 그냥 집에서 게임하고 놀 거야. 당신이나 돌아다녀. 날 내버려둬. (슈렉에 나오는 장화 신은 고양이 포즈와 눈빛으로) 날 잊어 줘, 제발.

W.C.

진산이 모종의 일로 회사를 차릴 일이 생겼다. 결국 다시 모종의 일로 회사를 차린 지 일주일 만에 폐업 신고를 했지만. --
아무튼 회사를 차리기 전 나누었던 대화.

진산 : 회사 이름을 정했소. 수요회. 수요일만 출근하는 회사인 거지.
좌백 : 수요회, 웬즈데이 클럽이라……. 약자가 그럼 W.C.……?
진산 : 그거 좋구려. 그렇게 하겠소.
좌백 : 정말? 모모님(채용할 직원)이 "그 회사 안 갈래요. 쪽팔려요." 그럴지도…….

명함

개그 장르?

밥 먹으면서 보던 TV 채널은 내쇼널 지오그래픽이었고 프로그램 제목은 '하늘의 포식자'이었다. 맹금류는 아래로부터의 반격을 피하기 위해 눈꺼풀이 아래에서 위로 덮인다는 내용을 보고 진산이 문득 말하기를…….

진산 : 아래에서 위로 눈꺼풀이 덮이는 사람이 있으면 어떨까? 무척 생경하게 보이지 않을까? 소설에 등장시켜야겠소.
좌백 : 그런 부족이 있는 거야. 사막에 사는 부족이지. 1년 내내 모래바람이 불어 와서 반투명한 눈꺼풀이 하나 더 있어서 눈을 덮어주지 않으면 살 수가 없는 거야. 거기서 죄를 진 사람이 있으면 사막의 경계에 가서 눈꺼풀을 제거하고 내쫓는 거지. 돌아올 수 없도록.
진산 : 그런데 10년 후에 그 사람이 돌아온 거야. 선글라스를 끼고.
좌백 : 하하, 그거 멋지구려.
진산 : 그런데 이 소설의 장르는 개그?

도공의 혼

자반고등어구이로 밥을 차려 줬는데…….

진산 : 국이 없잖아!
좌백 : 어제 끓인 국은 버렸소.
진산 : 자존심도 없소? 끓인 건 어쨌거나 먹어야지, 만든 걸 스스로 욕하고 버리고……. 자기 파괴 행위잖소.
좌백 : 당신은 도공의 혼도 모르시오? 자기 기준에 미치지 않는 건 백이든 천이든 버리는 거요.
진산 : @_@
좌백 : 훗, 너무나 적절한 비유에 말을 못 하는군.
진산 : 애들 말로 하자면 '어의'가 없어서 그러는 거요.

전화

마감 독촉 전화 때문이 아니라도 전화 참 싫다. 잘 때 깨우는 전화가 특히 싫다. 오늘은 그런 전화가 두 번 왔었다. 자다 깨면 다시 잠들기 힘들 뿐 아니라 어찌어찌 잠들어도 잔 것 같지 않게 된다. 하루 종일 병든 닭처럼 비실거리게 되는 거다.

잠을 깨운 첫 번째 전화는 감자 사러 나갔다 온 사이 진산이 깨서 받았다. (덕분에 진산이 병든 닭이 되었다)

진산 : MBC에서 전화 왔었어. 피디라는데 언제 한번 만나자는구려.
좌백 : 왜?
진산 : 드라마 같이 해 보자고.
좌백 : 훗. (이런 일이 여러 번 있었기 때문에 그냥 웃는다)
진산 : 무슨 드라마냐고 물었더니, 무협은 힘들고 느와르풍으로 한번 해 보자는구려.
좌백 : 훗. (역시 똑같은 수순으로 진행된다. 드라마 하자고 해서 만났더니 우리나라 여건상 무협은 힘들고 조폭물 등의 현대물을 생각해 보자는 거다. 물론 생각해 본 일도 없고, 그런 일로 다시 만난 일도 없다)
진산 : (같은 생각을 하는 듯 혼자 웃고 있다가) 느와르라니……. 흐흐…….
좌백 : 바람 부는 황량한 마을에 핏불 테리어가 한 마리 온 거요.
진산 : 도그 느와르?
좌백 : 그놈이 온 이후부터 동네 개들이 한 마리씩 죽어 나가는 거지.
진산 : 범죄 스릴러?
좌백 : 원래 그 동네에 살던 진도개 한 마리가 핏불 테리어를 의심하고

　　　　　　조사를 시작해.
진산 : 탐정물이네 이젠
좌백 : 진도개가 사건 전모를 밝혀내지만 핏불에게 물려 죽고 어린 강아지만 살아남는 거지.
진산 : 그건 뭐요?
좌백 : 어린 강아지가 기연 얻어서 졸라 짱 센 개가 되어 복수하면 먼 치킨 무협물이 되는 거지. 끝!

두 번째 전화는 내가 받은 거다. 아니, 이건 좀 과정이 복잡하다.
진산이 받아서 날 깨웠다. 회사에서 온 전화다. '마케팅팀에서 찾는데 전화하라고 할까요, 아님 메신저 들어올래요?' 메신저 들어갔다. 마케팅팀 사람의 물음. '주간동아에서 전화 와서 인터뷰하고 싶다고 하는데 전화번호를 알려 줄까요?' 내가 대답했다. '아니, 그쪽 번호 알려주면 내가 걸지.' 이래서 주간동아 기자와 통화했다.

기자　　 : 게임과 문학이라는 주제로 특집을 만드는데 이인화 교수하고는 이미 했고, 좌백님하고도 인터뷰하고 싶어서요…….
좌백 : 예, 말씀하세요…….

이래서 한 시간 가량 통화했다. -_-
기자의 마지막 멘트가 깼다.

기자　　 : 두 분 작품은 본 게 없지만 『마님 되는 법』은 재밌게 읽었어요.
좌백 : 하하…….

젠장.

마님 되는 법

진산이 전화로 누군가와 이야기하다가 끊고 와서 말한다.

진산 🅐 : 전에 『마님 되는 법』을 영화 원작으로 팔았잖아.
좌백 🅠 : 그랬나?
진산 🅐 : 그랬어. 근데 그걸 대본화하는 게 잘 안 돼서 이번에 드라마 쪽으로 방향을 틀었다네. 16부작 드라마로 만든데. 큰일 났네. 설마 진짜로 만들 줄은 몰랐지. 아, 쪽팔려. 거기 쓴 이야기들은 다 뻥이에염. 제가 구라 좀 풀었삼. 이렇게 해명 글이라도 올려놓을까? 아니, 안 믿겠구나. 드라마에서 어떻게 표현해도 나보단 덜 악독할 게 뻔한데. 허걱, 지금 내가 무슨 얘기를······.

> 🙂가 말한다
> **마님 되는 법**: 지난 2002년 마님께서 삼월이, 삼순이로 살고 있는 이 땅의 어린 처녀들에게 내리신 복음서. 책 첫머리엔 '내 어린 츠녀들이 니르고져 훓 베이셔도 마참내 제 뜨들 시러펴디 몯핧 노미하니라. 마님이 이랄 윙하야 어엿비 너겨 새로 마님 되는 법을 맹가노니······.' 라고는 당연히 쓰여 있지 않다. --; 대신 좋은 삼돌이 고르는 법, 좋은 삼돌이 다듬는 법 등이 쓰여 있다. 불행인지 다행인지 현재 이 마님 되는 법에 의해 공인 삼돌이가 된 사람은 전국적으로 좌백이 유일한 사례라고 알려져 있다.

도둑

내 방 방범창 창살 하나가 뜯겨져 나가고 그 좌우의 창살은 옆으로 벌어져 있는 걸 발견했다. 누군가가 침입하려고 했다는 걸 확연하게 보여 주는 장면이었다. 우리 집에 뭐 훔칠 게 있다고 들어오려 했는지는 모르겠다.

우리 집에 와 봤던 분이 아니면 설명이 곤란할 정도로 우리 집은 침입하기가 애매하게 돼 있는데, 진산이 그래도 불안하다고 방범창을 설치하자고 해서 설치한 지 보름쯤 됐다. 진산의 선견지명이 들어맞은 사례가 되겠다.

사실 방범창을 뜯어내도 그 다음엔 창문을 열어야 하고, 또 그 다음엔 창문을 거의 가리듯이 배치한 책꽂이를 밀어서 넘어뜨려야 간신히 들어올 수 있는 게 우리 집 구조다. 어떤 방범창을 설치해 놓건 맘먹고 절단기 준비해서 오면, 그리고 창문은 깨 버리고 책꽂이는 밀어 버리면, 그러면 어떻게든 침입할 수 있긴 하다. 여기에 어떤 보완 조치를 더 해 놔야 하는 걸까?

진산 ⓐ : 이건 말야, 내부의 범행이야. 알다시피 **항상 범인은 이 안에 있잖아?** 평소 오며 가며 날 보고 사모하게 된 이 아파트 사람 누군가가 맘먹고 침입하려고 했던 거지.

좌백 ⓒ : 도둑과 한 아파트에 산다고 생각하는 것보단 차라리 밖에서 전문 도둑이 왔다고 생각하는 게 낫지 않소?

진산 ⓐ : 그나저나 당신 방에 걸어 놓은 칼 (왜 방에 칼이 있나 의아하겠지만 좌백 한때 검술도 배웠다. 그래서 도검 소지 허가증까지 있다. -_-V) 치웁시다. 도둑이 들어와서 그 칼들 보면 "어라 흉기도 준비돼 있네?" 이러면서 좋아하지 않겠소.

좌백 ⓒ : 차라리 칼을 이곳저곳에 감춰 둡시다. 거실 책꽂이 위에 하나, 안방 장롱 안에 하나, 그런 식으로. 그래서 강도가 들어와서 "돈

내놔!" 그러면

"잠깐만 기다리셈. 안방 장롱에 패물이 있으니 갖다 드리겠어염." 그러고는 칼을 빼 들고 짠하고 나타나서 "사랑과 정의의 이름으로 용서할 수 없닷!" 퍽퍽~! (피 철철) 그러는 거지.

진산 : 강도가 "그냥 있어. 내가 꺼내 오지." 그러면 낭패.

메뉴

진산 : 배고파. 밥 줘.
좌백 : 뭐 먹고 싶은데?
진산 : 뭐 가능한데?
좌백 : 삼겹살 팍팍 구워 줄까?
진산 : 그 팍팍이라는 표현이 심하게 거슬리는군. 안 먹겠소. 딴 건?
좌백 : 팅팅 불은 라면도 준비해 줄 수 있지.
진산 : 왜 메뉴가 모두 그 따위냐! 날 깍두기로 만들 일이라도 있냐? 그런 데다 전화해 줄까? "여보세요, 여기 깍두기 제조용 요리 잘하는 삼돌이가 하나 있거든요. 돈 안 받을 테니 데려가셈." ……이건 분명 날 피둥피둥 살찌다가 팡 터져 죽게 만들 음모임이 분명해. 안 먹고 말 테다 쳇 (-)
좌백 : ……두루치기는 어떻소?
진산 : (반색하며) 그걸로 하세! 그거 해 줘!
좌백 : (속으로) 삼겹살구이나 두루치기나…….

테마가 있는 여행

난 여행이 싫다. 그건 차 타는 것도 싫고, 기차, 배, 비행기 등 이동 수단 자체가 매우 싫기 때문이다. 유일하게 즐기는 이동 수단은 **보행**이다. 그나마도 오래 걷는 건 싫고.

이런 내게 가장 어울리는 여행은 어딘가로 가서 한 달이고 두 달이고 지내며 슬슬 산책이나 하는 방식일 것이다. 문화재니 명산대천 같은 것에는 눈곱만큼도 관심이 없지만 시장통의 풍물 같은 것에는 제법 관심이 있기 때문에 낯선 나라의 낯선 도시 뒷골목 탐방 같은 것은 해 볼 마음도 있다. 큰맘 먹기 전에는 떠나기 쉽지 않겠지만.

요즘처럼 답답할 때는 어딘가로 훌쩍 떠나 볼 생각도 없는 게 아니지만 현관문 나서기도 전에 그냥 주저앉고 만다. 아, 이 귀차니즘의 압박이라니.

진산과 나눈 대화다.

진산 : 지금 하는 와우 공대의 최종 목표가 나파 검은 둥지거든. 그게 뭐냐고? 몰라도 돼. 그냥 졸라 짱 센 드래곤이라고 생각하면 돼. 하여간 그거 잡고 나면 공대장 넘겨주고 와우 접은 뒤 해외여행을 갈 생각이야. 머리를 비우고 쉬었다가 그 담엔…….
좌백 : (반색하며) 글 쓴다고?
진산 : 아니, 그건 갔다 와서 생각해 보고.
좌백 : 뭐 하여간 잘 생각했어. 게임이야 하건 말건 상관없지만 오로지 거기에만 몰두해서 폐인 되는 꼴이 걱정됐었다네. ……근데 어디로 갈 생각?
진산 : 아무 데로나. 아직 생각한 건 없어.

좌백 : 내가 재미있는 여행을 생각했는데 말이지, 우선 비행기로 블라디 보스토크로 가. 거기서 **시베리아 횡단 열차**를 타고 모스크바로 가는 거지. 모스크바에서 동유럽으로 다시 기차를 타고 가. 아마 체코인지 어딘지에서 파리까지 **오리엔트 특급**이 있을 거야. 그걸 타고 파리로 간 뒤 런던까지 또 어찌어찌 간 다음 런던에서 뱅기 타고 LA인지 샌프란시스코인지 하여간 미국의 대서양 쪽 도시로 가. 거기서 태평양 연안 도시로 **아메리카 횡단 특급**을 타고 가는 거야. 거기서 한국까지는 뱅기로 돌아오면 되지. 즉, **세계 일주 기차 여행**인 거지.

진산 : 왜 그래야 하는 건데?

좌백 : 테마가 있는 여행인 거지. 그냥 여행하면 재미없잖아.

진산 : 그보다 차라리 '80일간의 세계 일주'를 따라 하는 건 어떨까? 경로 중에 중국이나 일본도 있지 않나?

좌백 : 중국의 상해에서 일본의 요코하마로 가지 아마. 그 다음엔 미국이고. 미국에선 횡단 열차를 탔으니까 비슷해지네. 그것도 재밌겠군.

진산 : 당신도 가는 거야?

좌백 : 물론 난 안 가지. 기차 타기 싫어. 뱅기도 타기 싫고 배도 타기 싫어. 혼자 가시오. 아, 차도 타기 싫어.

진산 : 돈 많이 들 텐데?

좌백 : 땡빚을 내서라도 보내 주지. 혼자 간다면.

진산 : ……혼자 여행 보내서 도중에 사고 나서 죽기를 바라는 거군.

좌백 : 물론 그래 주면 해피……한 건 아니고. 그럴 리가 있겠소. 난 그냥 당신의 즐거운 여행을 바랄 뿐…….

진산 : (코브라 트위스트를 걸며) 아니긴 뭐가 아냐, 불어랏! 나 몰래 보

험 몇 개나 들어 놨낫!
좌백 : (비명) 아, 미처 그걸 생각 못 했군. 아니, 아니! 난 그냥 당신을 위해서……. 당신도 여행은 혼자 가는 게 진짜라고 했잖아! 사람 살류~!

반상의 법도

손님이 와서 근처 식당에 갔다가 돌아오는 길에.

진산 : 어부어부.
좌백 : 그동안 잘도 참았군.
진산 : 낯선 사람이랑 같이 있어서 차마 말 못 했지. (그러면서 손을 잡는다)
좌백 : 초록불님이 우리가 손잡고 다닌다고 닭살 부부라던데.
진산 : 부축하는 건 줄도 모르고. 그 댁 마님은 혼자서도 잘 걷나 보구려. 튼튼하시네. 근데 다른 부부들은 손잡고 다니지 않나? 다들 튼튼한가 보구려.
좌백 : 보통 부부가 걸을 땐 말야, 남자는 조금 앞에서 뒷짐 지고 걸어가고 여자는 애 업고 양손에 짐 하나씩 들고 뒤에서 따라가는 거라오.
진산 : 아니, 그런 반상의 법도도 모르는 것들이 다 있단 말인가?

살인의 기술

투표하고 오는 길에.

진산 : 오랜만에 외출하고 보니……, 역시 외출은 안 하는 게 좋겠소. 힘들구려.

좌백 : 당신 체력이 날로 저하되는 게 보이오. 하루 두 시간씩 같이 산보라도 하는 게 어떻겠소?

진산 : 두 시간씩 걷다 죽으라는 거낫! 이 원수! 그건 살인이얏! 날 죽이려면 차라리 집에서 편하게 죽여랏!

좌백 : ……. (언제부터 ~~투표하는 일아~~ 산보가 살인의 기술이 된 거냐?)

발레리나

전공이 그래서인지, 진산은 가끔씩 연극하는 포즈로 대사를 읊는 경우가 있다. (믿어지지 않을지 모르지만 진산은 연영과 출신이다)

일전에 발에 가시가 박혀서 뽑아 준 일이 있는데 끄트머리가 남았는지 곪아 버렸다. 병원에 가자니깐 무서워서 안 간단다. 오기와 체력으로 버티던 진산이 많이 아픈지 절뚝거리며 나와서 한 손은 허공을 향해 뻗고, 다른 한 손은 가슴에 살며시 대고 대사를 읊는다.

"아……, 나는 이대로 날개 꺾인 백조가 되는 것인가!"

그 다음에는 순정만화의 여주인공 같은 표정으로 양손을 맞잡고 눈물을 그렁그렁 매단 것처럼 하고는 내게 말한다.

"선생님, 저는 더 이상 발레를 할 수 없는 건가요?"

나는 방바닥을 걸레로 닦고 있다가 잠시 고민했다. 진산은 물론 가난하지만 천재적인 재능을 가지고 있는 발레리나인데 부잣집 딸년의 질투로 다리를 다쳐 위기에 빠진 순정만화의 여주인공 역을 하고 있다고 생각하고 있을 테니, 내 배역은 평소에는 엄격하게 대하지만 알고 보면 주인공의 천재성을 인정하고 있는 선생님일 것이다. 하지만 나는 재능도 없는 것이 집이 부유해서 발레를 하고 있는 학생을 상대하고 있는 소심한 선생님 역할을 했다.

"저기……, 발레를 계속하려면 발 치료보다 다이어트가 더 급한 것 같은데……."

요리는 예술이다

미역국을 끓였다. 미역 불리고 쇠고기 볶고 어쩌고 해서 대충 됐는데 마지막에 소금간 하는 과정에서 영 맛이 안 난다. 조금 넣고 맛보고, 넣고 맛보고를 반복하다가 열 받아서 간장을 부었는데 간장병이 깔딱 넘어가면서 너무 많이 부어 버렸다. 화나서 버리고 새로 끓일까 하다가 대충 먹을 만하길래 내가고 맛없는 미역국과 젓갈류만으로는 반찬이라고 할 수 없는 것 같아서 얼른 계란 풀어 소시지부침도 해서 내갔다.

진산이 별말 없이 국도 떠먹길래 나도 한번 떠먹어 봤더니 요리 직후와는 달리 제법 맛이 났다. 짜지도 않았다. 그래서 미역국 버릴까 했다는 이야기를 진산한테 해 줬더니 인상을 찌푸린다. '제발 좀 그러지 마시오!' 하는 표정이다.

좌백 : 요리는 예술이야! 망쳤으면 버리고 다시 만드는 게 도공의 혼! (소시지부침을 한 입 먹어 보고) 아니, 이거야말로 간이 짜군! 에잇, 버려 버릴 테다! (접시를 들고 일어선다)
진산 : (접시를 붙잡고 늘어지며) 여보, 제발! 맛있어. 그냥 먹을게!
좌백 : 음, 이번엔 그냥 넘어가지. (접시를 내려놓는다. 잠시 후) 음, 생각해 보니 요리 예술을 하면 예술도 하고 마님도 굶어 죽게 만드는 이중 효과가?
진산 : 죽을래? (젓가락으로 위협한다)

장군의 심정

진산은 요즘 일주일에 네 마리의 드래곤을 잡고 있단다. 와우 전대의 대장으로서 말이다. 어제도 장장 여섯 시간에 걸친 드래곤 사냥을 마치고 비틀거리며 내 방으로 왔다.

진산 : 요즘 장군의 심정을 이해할 수 있을 것 같아. 사냥 시간이 됐는데도 열다섯 명밖에 안 모여서 해산 분위기가 되었을 때는 "곧 다들 모일 거야. 포기하지 말자, 우리. 우린 할 수 있어. 조금만 참아 봐." 이러면서 다독이고, 뒤로는 메신저로 열심히 안 온 사람들 불러 모으지. 그리고 어찌어찌 다 집합해서 사냥 성공하고 나면 "우린 해냈어! 여러분이 자랑스러워." 따위의 말로 격려하는 등 장군이 해야 할 일을 하고 있다니까.

좌백 : 난 장군의 심정은 잘 모르겠지만 장군 마누라의 심정은 알 것 같아. 오늘도 장군님은 전쟁터에 나가시고 텅 빈 방 안에 나 홀로 앉아……. (이하 생략)

이혼 상담

디아블로를 하고 있는데 진산이 멀리서부터 외치는 소리가 들렸다.
"배고파~! 밥 줘~!"
디아블로 중이었으므로 그냥 씹었다. 외치는 소리가 점점 가까워졌다.
"배고프닷! 밥 차려 내놔랏~!"
여전히 씹었다. 의자 뒤에 선 진산이 말했다.
"또르르륵, 또르르륵……. 아, 여보세요, 거기 이혼 상담소죠? 남편이 밥은 안 차려 주고 게임만 하고 있어요, 흑흑. 이거 이혼 사유 되는 거죠? (갑자기 간드러지는 목소리로) 위자료는 얼마나 받을 수 있나요?"
기가 막혀서 나도 목소리를 깔고 말했다.
"저기……, 사모님은 뭘 하시나요? 왜 직접 안 차려 드시고?"
잠시 당황한 듯 진산이 머뭇거리다가 말했다.
"저……, 저는 굉장히 중요한 일을 하는 중이라서요. 아……, 물론 게임이죠. (버럭) 하지만 제가 하는 건 아주 중요한 게임이고 남편은 케케묵은 구닥다리 게임을 하고 있다고요!"
나는 말했다.
"소송해. 좋은 변호사 소개해 주마."

말은 그렇게 했지만 나가서 밥해 줬다. 특별히 오므라이스가 먹고 싶다고 요리까지 지정해서 그걸로 해 줬다. 먹고 나서는 무지 맛있었다고 칭찬을 늘어놓는 진산에게 말했다.
"이건 『마님 되는 법』에 당신이 쓴 삼돌이에게 요리 기술 가르치는 법?"
진산이 말했다.
"그냥 삼돌이를 사서 요리 기능을 인스톨하는 법이지."

또 『마님 되는 법』 이야기가 나와서 말이지만 일본에 번역 출간하는 걸 추진

하고 있다고 한다. 출판사 사장님이 그렇게 전했지만 진산은 그냥 심드렁하게 대꾸했단다.
"아, 그러세요?"
그러자 사장님이 버럭!
"아니, 이건 진산님 책 이야기라구요. 그렇게 되거나 말거나 식으로 말씀하시면 어떡해요!"
당황한 진산이 버벅거리다가 말했단다.
"파이팅!"

장군의 심정 2

0시쯤 잠자리에 들며 진산이 말했다.

진산 : 1시에 깨워 줘. 꼭 깨워 줘야 해. 레이드 있단 말야.
좌백 : 훗, 3시까진 절대 안 일어나도록 조용히 해 주겠소.
진산 : 나한테 원한 있낫!
좌백 : 있닷!
진산 : 집안의 내조가 이 모양이니 장군 노릇을 제대로 할 수 있겠낫! 계백 장군이 처자식 벤 게 이해된다니깐!
좌백 : (무심결에 목을 만진다. 집에 일본도가 있으면 저게 단지 농담으로만 들리지는 않는다) 1시에 깨워 주지. -_-

진산이 공대원들에게 정체를 들켰단다. "대장님이 『마님 되는 법』의 그 진산님이라면서요?" 혹은 "난 사실 전부터 알고 있었어." 등등의 반응이 있었는데 그중 진산을 가장 화나게 한 것은 "와~, 좌백님 부인이시라면서요? 저 좌백님 팬이에요!"였다고 한다. 어쨌건 "이제 가증도 못 떨게 됐으니 내 게임 인생은 끝났어~!"라고 울부짖더니 여전히 잘만 한다. 쳇.

양심 업ㅂ은

진산이 심심하다며 고래고래 고함을 친다. 나도 소리쳤다. "심심하면 방바닥이나 긁어랏!" 잠시 후 진산 방에 가 봤더니 정말 방바닥을 긁고 있었다. 즉, 누워서 만화 보고 있었다.

좌백 : 심심하면 평소에 안 하던 짓을 해 보는 건 어떻소?
진산 : 어떤 짓?
좌백 : 이를테면 설거지를 한다거나……. 마침 딱 설거지하기 좋게 그릇들이 쌓였소.
진산 : 싫소. 그냥 만화나 볼 테요.
좌백 : (버럭) 이 양심 업ㅂ은 인간아! 가끔은 설거지도 좀 하고 그래래! 손발리 오그라들기 전에.
진산 : 그냥 양심 업고 살 테요. (돌아누우며) 아, 양심을 업으니 등이 무겁구나~.

누가바? 누가 봐?

거실에서 TV를 보고 있는데 옆에 와서 누워 만화를 보다가.

근처 편의점에서 사 와서 줬다. 하날 다 먹더니 하나 더 달란다. --

진산 Ⓐ : 응애응애! 하나 데! 데!
좌백 ⓒ : (옆에서 뒹굴고 있는 요요를 끌어와서) 개다리바는 어떠냐! 아니면

　　　　개똥꼬콘이라거나!
진산 😤 : 그건 털이 많아서 싫닷! 누가바를 내놔랏!

다행히 두 개 사 와서 하나는 냉동실에 넣어 뒀기 때문에 또 나가서 사 오는 수고는 없었다. 진산의 입맛이 촌스러워서 좋아하는 게 저런 식이라 다행이긴 한데 문제는 시간대가 매우 마이너하다는 거다.

오랜만에 떠오른 과거의 원한.
임신했을 때 입덧하면서 뭐가 먹고 싶다고 할 때도 대개 냉면 아니면 순대, 만두 정도였다. 문제는 그런 말을 하는 시간이 꼭 새벽 3~4시라는 거였다. 그때는 지금과 달리 편의점도 많지 않았다. 대체 새벽 3시에 냉면을 어디 가서 사 오라는 거냣! (냉면을 집에서 만들 수 있는 실력이 못 된다)

부모 걱정

아들에게 들켰어요

장인어른을 만나서……. (요즘 우진이가 인터넷으로 채팅도 한다는 이야기가 오간 후)

장인어른 : 그건 그렇고, 우진이가 인터넷으로 엄마 만나려면 어떻게 해야 하느냐고 묻던데?
진산 : 푸헉! (커피 뱉을 뻔)
장인어른 : 이메일 주소나 메신저나 채팅방 알려줘.
진산 : 푸헉! (블로그 주소를 알려줘야 하나 잠시 진땀)
좌백 : '엄마에게 블로그를 들켰어요!' 보다 더 무섭구려……. -_-;

장땡

우진이와 장모님(함미)이 이런 대화를 하셨단다.

함미 : 우리 우진이 공부도 잘하고 말도 잘 들으니 이러다 엄마가 우진이 데려가겠다고 하면 어쩌지?
우진 : 힘센 놈이 장땡이지 뭐. 함미가 엄마보다 힘세지?

맞놀이 부부

우진이 만나러 가면서.

진산 : 앞으로 우진이한테 학교에서 부모님은 뭐 하시니 물어보면 해외에 나가셨어요 라고 대답하라고 하자.
좌백 : 왜?
진산 : 엄마, 아빠 폐인이라서 집 밖에도 안 나와요 라고 하긴 쪽팔리잖아.
좌백 : …….
진산 : 그냥 나갔다고 하면 그러니까 캄보디아에 지뢰 제거하러 가셨어요 라고 하라고 할까? 아니면 독일에 피아노 유학 가셨어요 라고 할까? (……)
좌백 : 그냥 요새는 엄마 아빠 맞벌이하세요 라고 하면 다 통하지 않을까? (잠시 후) 그런데 우리는 맞벌이가 아니라 맞놀이 부부구려.
진산 : OTL

인질

우진이 얘기 나온 김에…….

이사 오던 날 여차저차해서 우리 차에 우진이 태워서 오산으로 나갔다. 길치인 진산답게 길을 못 찾고 헤매니 우진이가 점점 불안해하는 게 느껴진다. 애초에 우리 차에 타기 싫어하는 걸 장모님이 달래서 태운 것이라 더 그랬다. 그걸 눈치 챈 진산이 농담을 시작했다.

진산 : 여보, 이렇게 된 김에 그냥 이대로 우진이 데리고 서울 갈까?
좌백 : 그럴까?
진산 : 그러고는 엄마한테 전화하는 거야. "우진이를 돌려받고 싶으면 돈을 내놔라!"라고.
좌백 : 후훗…….
진산 : 다음엔 요구 사항을 제시하는 거지. "1억을 내놓지 않으면 돌려주지 않겠닷!" 어때?
우진 : (조용히 듣고 있다가) 에이, 1억은 너무 심하지. 반만 해.
좌백 : 하핫!
진산 : 넌 네 가치가 5,000만 원밖에 안 된다고 생각하는 거냐?
좌백 : 어떻게든 돌아가고 싶다는 거지.

물론 우진이는 무사히 장인어른과 장모님 품으로 돌아갔다. 하지만 그 후로는 외할아버지, 외할머니와 떨어져서 우리하고만 있게 되는 경우는 어떻게든 피하려고 한다. (하하)

발가락이 닮았다(?)

우진이에게 전화 왔을 때 진산이 물었다고 한다.

진산 : 요즘도 메이플 스토리 열심히 하고 있니?
우진 : 아니~. 나 며칠 전부터 게임 끊었어~.
진산 : 아니 그런? *_*

나중에 진산이 진상을 파악해 보니 메이플 스토리의 대대적인 업데이트로 인해 며칠 동안 접속을 할 수 없었단다. 즉, 끊은 게 아니라 못 하고 있었을 뿐이다.

진산 : 어차피 접속할 수 없게 된 상황을 빌려 게임 끊었다고 자기 위안을 하는 걸 보니 내 자식이 맞는 것 같소.
좌백 : 그렇구려. -_- 지금은 다시 하겠지?
진산 : 그렇겠지. -_-

가족만담

장인어른과 장모님이 우진이를 데리고 왔다. 같이 나갔다가 돌아오던 중 앞서 뛰어가는 우진이를 향해.

진산 : 우진아, 이리 왜! 이리 온, 요요요요~! (강아지 부르듯이)
우진 : 얄얄~! (강아지 흉내를 내며 달려온다)

장모님 : 우진이가 동시 써서 상 받았어. 제목은 '신호등'.
진산 : 내가 초딩 때 쓴 거잖아……. -_-
장모님 : 동시를 써 오라는 숙제를 받아 왔는데 생각나는 게 그것밖에 없지 뭐냐.

장모님 : 먹을 거 좀 싸 왔어. 이건 냉동실에 뒀다가 물만 부어서 끓이고, 이건……. 좀 들어라, 얘!
진산 : 좌백한테 말해. 난 들어도 몰라. -_-

좌백 : 우진이 성격이 아무래도 당신 닮은 것 같소.
진산 : 같은 사람이 키우니까.
좌백 : 외모는 날 닮고.
진산 : 내 성격에 당신 외모라니……. 그거 마릴린 먼로의 두뇌에 아서 밀러의 육체 조합만큼이나 무섭구려.

발가락이 닮았다 2

장모님 : 우진이가 너희들을 닮긴 닮았나 보더라. 애가 통 나가 놀 생각은 않고 방에만 처박혀 있네.
진산 : 너 그러다간 정말 아빠 닮게 된다. 배 나온다니까.
좌백 : 그건 꼭 날 닮았다고 할 수 없지. 당신 닮은 걸지도……
진산 : 난 배 안 나왔어! (배를 만지며) 이건……, 이건……. 하여간 아냐!
장모님 : (우진이 손을 보여 주며) 손 큰 거 좀 봐. 이건 사위 닮은 거지. 지연이는 손발이 작으니까.
좌백 : 뭐 그럴 수도 있겠죠.
장모님 : 애! 정말 사위 닮은 거 있다. (잠시 혼자 쿡쿡 웃다가) 애가 부엌살림 하길 좋아해. 설거지도 하겠다고 하고 달걀 풀어놓으면 자기가 젓겠다고 하고. 요리가 좋대.
좌백 : -_-; 전 좋아서 하는 게 아닌데요…….

재롱

요즘 마님은 게임 내의 인간관계 문제로 심기가 불편하시다. 어떤 식으로 문제가 되는지는 모르겠지만 안 봐도 뻔하다.

하여간 마님의 불편한 심기를 풀어 드리기 위해 (사실은 내가 심심해서) 놀아 주려고 했는데 거절당했다. -_- 방에서 나오다가 문득 돌아서서 팔을 뻗으며 노래했다.

좌백 ☺ : 에스메랄다~, 나한테는 아~무 관심도 없구나~. (노트르담 드 파리에서 콰지모도의 첫 노래 참조)

진산 ☺ : (한참 웃다가) 이리 오시오, 콰지모도~.

진산이 거실을 하염없이 바라보고 있다. 이유를 물어봤더니 거실을 바다로 상상하며 시름을 달래는 중이란다.

좌백 ☺ : (요요를 가리키며) 그럼 저건 멸치?
진산 ☺ : 바다 괴물.
좌백 ☺ : (해마춤을 추며 진산 앞을 지나 방으로 들어간다) 인어왕자, 인어왕자.
진산 ☺ : 깔깔……. (뒤집어진다)
좌백 ☺ : 웃, 반응이 좋군. (방에서 기어 나가며) 물개, 물개.
진산 ☺ : ……. (뒤집어지느라 숨도 못 쉰다)

여차하면 인어공주춤도 춰 줄까 했는데 그건 연습을 안 해 봐서 포기했다.

우진이는 알고 있다

장인어른과 장모님이 우진이를 데리고 올라오셨다. 어린이날과 어버이날 행사(?)를 한꺼번에, 그리고 간편하게 치르려는 우리 속셈 때문이기도 했고, 전부터 문제가 있다던 우진이 컴퓨터를 고쳐 주기 위해서이기도 했다.

우진이한테는 컴퓨터가 두 대 있는데, 그건 원래 우진이한테 만들어 준 컴퓨터에 이제는 군에 간 처남한테 만들어 준 컴퓨터까지 그 녀석에게 넘어가서 그렇다. 그중 우진이한테 만들어 준 놈이 말썽을 부리는 거다.

그게 원래는 진산이 컴퓨터 업그레이드를 하면서 이번엔 큐티한 놈으로 가지고 싶다고 해서 그걸 뭐라고 부르는지는 모르겠지만 하여간 작은 놈으로 만들었는데, 파워는 약하고 비됴 카드며 기타 내부 부품들이 전기를 많이 먹어서 (A/S센터에서 한 말이다) 연거푸 다운되는 바람에 하드 두 개 있던 거 한 개 떼고, 시디롬, 디뷔디롬 다 붙어 있던 것에서 시디롬 떼는 등 이것저것 정리를 한 다음 우진이에게 준 것이었다.

하여간 그놈을 고칠 시간은 없으니 내 컴을 정리해서 우진이에게 주고, 우진이가 돌아간 뒤 켜 보았다. 애들 쓰는 컴답게 온갖 지저분한 프로그램이 잔뜩 깔려 있고, 악성 코드에 바이러스 따위가 잔뜩 검색되었다. 하드를 밀어 버리고 윈도우를 새로 깔까 했지만 또 윈도우 시디가 안 보인다. (분명 저번에 회사 가서 한 장 구워 왔는데……)

그냥 정리해서 쓸까 했지만 몇 번 켰다 껐다 해 보니 갑자기 화면이 망가지면서 멈추는 현상이 일어난다. 이건 아무래도 수리가 필요한 상태다 싶어서 내버려두기로 했다.

그런데……. 그런데…….
익스플로러 즐겨찾기를 눌러 봤더니 '백림원'과 '진산마님댁'이렇게 딱 둘만 있더라는……. -_-;

우린 계속 스토킹당하고 있었던 거다…….

4장
독촉과 마감

대한민국에서 작가로 산다는 것

작가로 산다는 건 선택하는 것이 아니라 강요되는 것 같다.
달리 사는 법을 몰랐기 때문에, 혹은 그럴 수 없었기 때문에.

작가란

작가는……
글 안 쓸 땐 백수라고 진산이 그랬다.

내 생각은 다르다.

작가는……
글 안 쓸 땐 폐인이다. -_-

약속1

서울 사는 1번 작가와 부산 사는 2번 작가가 대화하고 있다.

2번 작가 : 전에 올라오기로 약속해 놓고 못 와서 미안해요. 나설까 하다가 귀찮아져서……. 깜빡 잊고 연락도 못 했네.
1번 작가 : 아, 괜찮아. 어차피 안 기다렸어. 그땐 나도 동해로 여행 떠나 있었다. 올라왔으면 안 될 뻔했네.
2번 작가 : 잘됐네요.

듣고 있다가 어이가 없어서 참견했다.

좌백 : 니넨 도대체 약속이란 단어의 뜻은 알고 있나?
1,2번 동시에: 형도 원래 어제 오기로 안 했던가?
좌백 : (창밖을 보며) 날씨가 참 좋구나.

우리 집에 왜 왔니 왜 왔니 왜왔니?

부산에서 후배 2번 작가 녀석이 올라와 집에 사흘쯤 있다가 갔다.
사흘쯤 모종의 작업을 시작 부분이라도 만들어서 가고 싶다고 한 놈이다.

첫날, 밖에서 놀다가 저녁 늦게 와서 잤다.

둘째 날, 집에 있는 만화책 보며 하루 종일 뒹굴다가 또 잤다.

셋째 날, 송별연을 하며 술을 마셨다. 이러저러하니 그 작업 안 하는 게 낫겠다고 말해 줬다. 이 녀석이 수긍하더니 물었다.

"형, 근데 저 여기 왜 왔죠?"

약속2

용인 사는 11번 작가님에게 새해 인사를 하러 갔다
버스터미널에서 택시를 타고 모모아파트에 도착했다.
음……, 201동 1201호였지……. 이 아파트는 아예 입구부터 막아 놨네. 호출을 하면 집 안에서 열어 준다는데……. 어디, 1201호 호출. ……대답이 없군. 다시 1201호 호출.
띠리리리리리리……. 음, 근데 어째 불안한 느낌이다.
메모를 확인해 보니 207동이었다. 스피커에서 소리가 나고 있다. 누구세요? 누구세요? 왜 말이 없어요? 나는 도망치고 있었다.
207동은 저 위쪽에 있군. 이쪽 길은 오르락내리락 가야 하니 도로 따라 가는 게 빠르겠다. 걸었다. 헥헥……. 아파트에 뭔 놈의 담장이 있지? 뭐 207동 가까이 가면 문이 있겠지…….
없었다. 문 없으면 어때, 담 넘으면 되지……. 담을 넘는데 도로에 지나가던 차들이 한 대 두 대 멈추려는 것처럼 속도를 늦추다가 그냥 갔다. 207동 1201호. 눌러눌러……. 대답이 없다. 다시 눌러눌러……. 역시 대답이 없다.
전화를 걸었다. 핸드폰 번호만 있군. 띠리리……. 아, XX님. 저 좌백인데요. 어디세요?
11번 작가님이 대답한다. 여기 동생 집이야. 놀러 왔지. 넌 어디냐?
내가 말했다. 댁 앞이요……. -_- 4번 작가가 미리 전화 안 했던가요? 오늘 여기서 만나기로 했는데…….
전화 안 왔더라. 지금 출발해도 두 시간 후에 도착하거든. 부근에서 놀고 있어…….
놀고 있지 뭐……. 오랜만에 눈 밟아서 다져 놓고 그 위에서 미끄럼 타는 놀이를 했더니 재미있었다.

확인

아는 애가 진산의 『마님 되는 법』을 여자친구에게 선물할 거라고 사인해서 소포로 보내 달라는 부탁을 했다. 마침 형들에게 보낼 것도 있고 해서 세 권을 준비했다.

진산이 사인펜을 들고 고민했다. 아는 애한테야 '이쁜이님, 감사합니다.' 써서 보내면 그만이지만 형들에게는 만만치 않다. 진산이 그랬다. "사실대로 '여기 쓴 건 다 뻥이에요.'라고 써 보낼까?" 옆에서 듣고 있던 우진이가 한마디 참견했다. "뻥 아니야. 책에 나온 건 다 옳은 소리야." 내가 그랬다. "넌 저리 감 마! 쪼만한 게 참견하고 있어." 우진이가 투덜거리며 나갔다. "책은 뻥 아닌디……."

그럭저럭 사인하고 종이에 주소를 적었다. 얼마 전이라지만 2년 전쯤 큰형이 이사를 해서 주소를 모른다는 사실이 밝혀졌다. 어쩔 수 없이 작은형 줄 책과 아는 애 줄 것만 들고 우체국에 갔다. 근처 문방구에서 종이봉투와 칼을 사서 (우체국에 있었다 -_-) 봉투를 잘라 책을 포장하고…….

아……, 근데 어느 책이 어느 건지 확인을 안 했다. 작은형한테 '이쁜이님, 감사합니다.'라고 써 보내면 미친놈인 줄 알거야……. 이럴 땐 하나만 뜯어서 확인하면 되지.

하날 뜯어서 책을 확인했다. 형에게 보낼 것이었다. 그럼 나머지 하난 이쁜이 것이겠지. 그렇게 주소를 적고 보내기 직전, 어쩐지 불길한 예감이 등골을 쓸고 내려갔다. 만사 불여튼튼이야. 다시 한 번 확인하자. 이번에는 이쁜이 것을 뜯어 봤다. 형님에게 보낼 책이 들어 있었다. 식은땀을 흘리며 봉투를 찢어 버리고 새로 포장했다.

이번엔 제대로 확인하고 하나씩 써야지. 형님 것을 포장해서 주소 또박또박 적고 옆에 밀어 뒀다. 이쁜이 책을 확인하고……. 어라 이것도 형님 책이네……? 이게 무슨 일인가 잠시 생각해 보고 깨달았다. 이쁜이 책은 집에 두고 형 책만 두 권 들고 온 거다. 그걸 봉투 바꿔 넣어 가며 생쑈를 하고 있었던 거다……

집에 돌아가기는 너무 멀었다. 고민고민 하다가 문방구에 가서 사인펜을 사 왔다. 형에게 갈 것에는 다행히 사인만 들어가 있었다. 그 위에다가 삐뚤삐뚤한 글씨로 (진산 필체를 흉내 냈다는 말이다) '이쁜이님에게……' 라고 썼다. 얼른 포장해서 후회하기 전에 직원에게 넘겨 버리고 돌아왔다.

사는 게 이 모양이니……, 작가로 사나 보다. 딴 일 했다간 벌써 망해 먹었을 거다.

뒷담화

1, 2, 3번 작가와 다른 작가들 뒷담화 중이다.

좌백 : 5번 있잖냐, 평소에도 참 뻔뻔하잖아. 얼마 전에 모 출판사에 갔더니 거기 편집장이 묻더래. "요즘 글이 잘 안 써진다면서요? 왜 그런다고 생각하세요?" 5번이 대답했대. "글이 늘려고 그러나 봐요."

1번 작가 : 나도 좀 그렇게 뻔뻔해 봤으면 좋겠어.

좌백 : 넌 이미 충분히 뻔뻔해. 넌 옛날 뒷권을 2년간 안 내서 독자들이 욕하니까 화도 냈잖아. "명작을 보고 싶다면서 2년도 못 기다려!" 그러고 말이야.

1번 작가 : 4년째 '혈기린 3부' 안 내는 사람이 할 소리가 아니지!

2번 작가 : 4년이라니까 말이지만 4년간 작품 안 내는 6번 있잖아요. 걔가 하루는 자다가 이상한 소리가 들려서 깨 보니까 마누라가 머리맡에 앉아 울고 있더래요. 어떻게 사나 하고…….

좌백 : 불쌍하군. 그래서 6번 요즘은 글 좀 쓰냐?

2번 작가 : 그런다고 글 쓰면 6번이 아니죠.

일동 애도.

좌백 : 편집부에서 독촉 오면 남 붙잡고 늘어지는 물귀신도 있더라. 왜 7번 있잖아. 그 녀석 요번에 독촉받고는 "글 안 주는 좌백도 있고, 악명 높은 1번도 있는데 왜 나만 갖고 그래요." 그랬다잖아. 나쁜 놈. 혼자 죽지, 같이 죽자고 발을 잡냐!

2번 작가 : 8번 작가는 이번에 또 컴퓨터 하드 날렸대요. 파일 복구 못 해서 또 첨부터 새로 써야 한다더군요.

1번 작가 : 8번 작가……, 이번이 몇 번째 날리는 하드지?
3번 작가 : 아마 다섯 번째일걸요.
좌백 ⓒ : 8번한텐 글 얼마나 썼냐는 질문은 하지 마. 그때마다 하드 날리는 것 같더라.
3번 작가 : 옛날처럼 원고지에 직접 안 쓰는 게 다행이죠.

일동 이유를 궁금해한다.

3번 작가 : 집에 불나서 원고 다 탔다고 하려면 불 질러야 되잖아요. 하드 정도로 해결하는 게 얼마나 다행이에요.

일동 공감. 〈— 다들 한 번씩 하드 날려서 원고 지워졌다고 변명해 본 일이 있는 사람들.

울고 싶은 심정

진산 : 아직도 글이 안 풀리시오?
좌백 : 죽겠소.
진산 : (순정만화 여주인공 목소리로……. '달려라 하니' 목소리를 연상하면 되시겠다) 힘을 내. 저기 저 지평선의 무지개를 봐. (물론 지평선도 없고 무지개도 없었다)
좌백 : 내 눈엔 석양만 보이오. (물론 석양도 없었다) 석양의 바닷가를 울며 달려가고 싶은 심정이오.

길 찾기

5번 작가는 나의 마누라다. 모처에서는 '마님'이라는 흉악한 외호로 불리기도 한다.

이 마님은 무협계에서 알아주는 유명한 집중력을 가지고 있다. 방금까지 조잘조잘 떠들다가 "아참, 글 써야 돼." 그러고는 돌아앉아서 바로 따닥따닥……. 잠시 후, "오늘은 겨우 100매밖에 못 썼네. 너무 놀았어." 이렇게 말해서 좌중의 분노를 사곤 했다.

글 한 번 쓰려면 책상 정리부터 해서 목욕재계하고 합장 후 고사까지 드려도 한글 화면 켜면 머리가 백지장 같아지는 다른 작가들 입장에선 테러해 버리고 싶은 욕구가 저절로 생길 정도다. 저런 집중력은 방금까지 같이 포커 치다가 돌아앉아서 글 쓰고 다시 포커를 쳤다는 80년대의 81번 작가 외에는 경쟁 상대가 없다는 말이 있을 정도다.

집중력이 뛰어나다는 것은 집중하지 않는 일에 대해서는 백치에 가깝도록 아무것도 모른다는 부작용을 수반하는 일이라는 것을 나는 결혼 후에야 알았다. 마님은 자기가 좋아하는 일 외에는 아무것도 모르고, 알려고 하지도 않는다. 가령 길 찾기 같은 것이 그렇다.

문정동 사무실. (화성 동탄에 살 때 나는 장소를 바꾸면 글이 잘 써질까 해서 일주일에 5일은 사무실에 나가 있었던 적이 있었다. 물론 글은 장소와는 아무 상관이 없었다)

띠리링~.

좌백 ☺ : 예, 좌백입니다.

진산 ☺ : 난데.

좌백 ☺ : 옙, 마님. 어인 일이십니까? (진산은 자기가 외출해서 새벽 4~5시에 들어오거나 내가 소식도 없이 사흘 밤낮을 보내도 전화를 안 건다. 전화기가 무섭단다. 물론 자기가 전화를 안 거는 건 당연하고, 내가 전화를 안 걸면 나중에 두들겨 맞는다)

진산 : 나 오늘 서울에 왔거든. 지금 교대 앞 모모아파트에 차 세우고 전철로 움직이려고 하는데…….

좌백 : 무슨 불편한 일이라도?

진산 : 도착해서 보니까……, (어쩐지 말끝을 흐린다) ……지갑을 안 가져 왔더라구. 돈 좀 가지고 와.

좌백 : (일단 수화기를 막고 웃는다. 겨우 그친 다음) 그 부근에 **출판사 있잖아. 내가 여기서 가려면 40분은 걸릴 테니까 차라리 **출판사 가서 아는 직원한테 돈을 빌리지?

진산 : 출판사 직원한테 쪽팔려서 어떻게 돈 빌려. 그냥 당신이 와. 기다리지.

나는 돈을 챙겨 들고 진산이 기다리는 곳까지 가서 돈을 전달하고 돌아왔다. 그리고 다시 세월이 흘러 글은 장소와 상관없다는 걸 깨달은 내가 집에서 뒹굴거리고 있을 때. (마님은 물론 외출하고 없었다)

띠리링~.

좌백 : 예, 화성입니다.

진산 : (화성? 여기는 지구, 여기는 지구……. 이런 말을 할까 말까 망설이진 않았을 것이다) 난데.

좌백 : 옙, 마님! (무릎도 꿇고 이 소리 한다고는 생각하지 말자. 간혹, 아주 가끔만 그런다. 단란주점 갔을 때 등등)

진산 : 서울인데, 교대 앞이야. 또 지갑 안 가져왔거든.

좌백 : (수화기를 던져 놓고 뒹굴며 웃다가) 그래서 어쩌라고? 여기서 거

기까지 돈 갖다 주러 갈 수도 없고…….
진산 : 그러게……. 어쩔까?
좌백 : **출판사로 가시오.
진산 : 그래야 하려나……?
좌백 : 그러시오. 난 못 가. (단호하다. 마님의 매질이 무서워도 화성에서 서울은 너무 멀다. NASA에 연락해서 디스커버리도 예약해야 하고……)
진산 : 하는 수 없구려. 알겠소. 근데 **출판사 어떻게 가지?
좌백 : 수없이 드나든 곳인데 찾아가지도 못하나?
진산 : 잊어버렸소. 내가 그런 걸 기억하는 사람 같소? (당당하다)
좌백 : (진산이 길치라는 걸 상기하고) 일단 교대역에서 X번 출구로 나가. 거기서 빵집을 바라보며 서서……. (정확하게 안 알려주면 진산은 길을 잃고 헤맨다. 헤매는 것까진 괜찮은데 돌아오면 가혹한 보복을 가한다. -_- 고로 필사적으로 쉽게 알려줘야 한다)

그날 진산은 출판사에 가서 돈만 빌린 게 아니라 책도 한 가방 얻어서 챙겨 들고 왔다. 그래서 '넘어져도 뭔가는 줍고서야 일어나는 마님'이라는 칭송이 있다. 길 찾기는 여전히 못 하지만…….

간혹 마님이 운전하다가 화를 낼 때가 있다.
진산 : 카토그래퍼*가 엉망이라 길을 못 찾잖아!
좌백 : 몇 번이나 와 본 길이라 안내 안 해도 그냥 갈 줄 알았지.
진산 : 내가 그런 걸 기억할 것 같아! (여전히 당당하다)

가 말한다
카토그래퍼 : 지도 보고 길을 찾는 울티마 온라인 직업 중 하나.

장밋빛 세상

좌백 : 여보, 사랑하오.
진산 : 왜 그런 말을 하는데?
좌백 : 나야 항상 그런 마음이잖소. 그냥 생각나서 표현한 거지.
진산 : 평소에도 그런 건 좋은데, 갑자기 그런 말을 할 때는 이유가 있을 거 아니냣! 아부할 이유가 분명 있겠지? 뭔가 잘못 한 게 있으니까 그러는 거 아니냣! 그게 뭔지 빨리 불어랏!
좌백 : -_-;;; 사람의 진심을 몰라주는구려.
진산 : 진심은 무슨……. (잠시 생각하다가) 탈고하고 마감 지나니까 세상이 장밋빛으로 보이는 거로군.
좌백 : (뜨끔 후 웃으며) 맞아. (지나가는 코코를 향해) 사랑해~, 코코야.
진산 : 마당에 나가서 양팔을 높이 들고 외쳐 봐. "동네 사람들~, 사랑해요~!"라고. 디카로 찍어서 인터넷에 뿌려 줄 테다.

아부냐 찬사냐?

처음 출판사로 습작하러 갔을 때 원고를 검토해 준 첫 번째 사부님은 과거 무협 작가였고, 지금은 만화 스토리 작가인 모 실장님이었다. 이분이 한번은 나한테 이런 말을 했다.

"무협계에서 살아남으려면 글을 잘 쓰거나 아부를 잘하거나 둘 중 하나는 해야 해. 당신은 글 열심히 써야 할 것 같아. 딴 건 안 될 것 같으니까."

아부를 잘하면 어떻게 살아남을 수 있다는 건지는 아직도 잘 모르겠지만 어쨌든 이 말은 글 열심히 쓰라는 격려라기보다는 '너 참 성질 더러워 보이는구나. 니가 아부한다고 통하겠니?' 하는 뜻으로 들렸다. 저 모 실장님이 해 준 충고 중에 이런 것도 있었다.

"남의 글은 되도록 안 보는 게 좋고, 혹시 보게 되면 단점 하나당 장점 아홉 개씩을 짚어 줘야 해. 안 그러면 원한 생겨. 물론 난 성격상 그걸 못 하지. 그러니 이렇게 살잖아."

참 절절하게 와 닿는 이야기인데, 나도 좀 그렇다. 어떤 글이건 장단점이 같이 있기 마련일 텐데, 장점을 잘 보는 사람이 있고, 단점만 보는 사람이 있다. 이건 글 이전에 안목과 성격의 문제인 것 같다. 나도 남의 장점은 잘 못 보고 단점은 보이는 대로 지적을 해 줘야 그쪽에도 도움이 된다고 생각하던 시절이 있었다. 이게 결혼 초까지 유지됐었다.

진산과 내가 같이 무협 작가로 부부가 되었으니 서로 상의도 하고, 조언도 해 주며 오순도순 다정하게 작가 생활을 할 거라고 '착각'하는 사람이 혹시 있을지도 모르지만 진상은 전혀 다르다. 어지간하면 서로의 작품은 안 보려고 노력하고, 혹시 보게 되면 정말 마지못해서 본다.

결혼 초 진산이 쓴 글을 보고.
좌백 : 음, 잘 썼어. 잘 쓰긴 했는데 몇 가지 걸리는군.
진산 : (표정 관리를 하며) 응, 뭔데?

좌백 : (심상찮은 기색을 눈치 채지 못하고) 응, 첫째 뭐뭐……. 둘째 뭐
 뭐……. 셋째 뭐뭐…….
진산 : (한참 듣다가) 더 있어?
좌백 : (많은 도움을 줬다는 뿌듯한 표정으로) 뭐 조금 더 있지만 그만
 하지. 그 정도만 고쳐도 훌륭한 작품이 될 거야.
진산 : (일어나서 자기 방으로 들어가며) 알았어. 당신은 참 잘 쓰는 작
 가고 나는 엉망이지. 그래 글이고 뭐고 때려치울래. (방문 닫는
 소리가 요란하다)
좌백 : (방문을 두들기며) 뭐야, 왜 그래? 내가 뭐 잘못 했어?

이윽고 진산과 나는 대판 싸운다. 글의 색깔과 방향을 결정하는 건 작가의 고유 권한이라는 제법 문학틱한 이야기에서부터, 엊그제 혼자 맛있는 거 먹었지, 요즘 보는 눈이 전에 비해 덜 뜨거워 등등의 사소한 일들까지 끼어든다……. --

결국 집에서 쫓겨난 나는 작가 사무실에 가서 1번 작가, 14번 작가, 8번 작가와 술 마시며 하소연을 한다.
좌백 : 내가 대체 뭘 잘못 했다는 거야? 성의껏 봐 줬는데 왜 화내?
14번 작가: 지적받으면 대개는 기분 나쁘지……. 니가 이상한 거야.
좌백 : 지적받으면 나도 기분이야 나쁘지. 하지만 기분 나쁜 거야 나쁜
 거고, 옳은 이야기는 받아들여야 할 것 아냐.
14번 작가: 사람이 다 그러냐? 잘 참는 사람도 있고 못 참는 사람도 있지.
 진산은 후자야. 대개의 사람도 후자에 속하지.

그 뒤 같은 일이 반복되고, 또다시 작가 사무실에 쫓겨 온 나를 향해 1번 작

가가 말한다.

1번 작가 : 형도 참 바보 같소. 그냥 칭찬해 주고 말지 맨날 싸우고 쫓겨나냐.

좌백 🐯 : (술 마시며) 그래도 아닌 걸 어떻게 그렇다고 말하나?

1번 작가 : 아니긴 뭐가 아냐. 그건 형 기준이지. 그렇게 보려고 노력해 봐. 할 수 있어. 그리고 제발 좀 그렇게 해 줘. 맨날 싸우고 와서 우리 방해하지 말고……. (이쪽이 진짜 이유였다)

그날 깨달음을 얻게 되고, 난 그 이후로는 진산의 글을 볼 땐 뭐라고 찬사를 보내야 하나를 고민하면서 본다. 책 내용은 상관없다. 그럴듯한 찬사의 구절을 떠올리거나, 그럴 만한 부분을 발견하면 매우 기뻐한다.

진산 🅐 : (눈을 초롱초롱 빛내며 바라보다가) 그렇게 재밌어?

좌백 🐯 : (고개를 끄덕이며) 아, 물론이지. 누가 쓴건대.

그 후로 두 사람은 오래오래 행복하게 살았습니다…….
로 끝나면 좋았겠지만 세상은 그렇게 호락호락한 게 아니다. 저 방식에는 세 가지 문제점이 있다.

1. 같은 찬사를 반복하면 식상해진다. 늘 새로운 찬사를 만들어 낸다는 건 보기보다 쉽지 않다. 나의 표현력이 전보다 나아진 게 있다면 이런 하드트레이닝 때문일 것이다.

2. 늘 찬사를 듣다 보면 듣는 사람도 의심스러워지기 마련이다. 나중에는 진산이 찬사를 늘어놓는 나를 고문하며 묻는다. "얼른 불어! 왜 맨날 찬사야!

당신이 맨날 찬사만 늘어놓으니까 안 믿기잖아!" 나, 비명을 지른다. "당신이 그렇게 만들었잖아~. 사람 살리우~!"

3. 찬사를 계속 늘어놓다 보면 말한 사람은 차차 그게 진짜라고 믿게 된다. 반복되는 학습 효과, 혹은 최면 효과라고 할 수도 있다. 스키너의 행동심리학 이론으로 설명할 수 있을지도 모른다. 나는 이제 진산의 글은 뭘 보든 감탄하고 감동한다. 그게 진짜로 감동, 감탄할 만한 글이라서 그런 건지 아니면 학습된 눈으로 봐서 그런 건지 나는 물론 모른다.

찬사

흑. 난 글을 너무 못 쓰는 것 같아.

무슨 소리. 블로그에 당신이 나 글 못 쓴다고 구박한다고 썼는데도 아무도 반박하거나 위로해주지 않는 걸 못봤소. 다들 동감한다는 뜻이잖아

그건 당신보다 내가 더 무섭기 때문이지

당신이 나보다 잘 써. 요즘 당신 글을 보니까 유치하게 막 나가더구려. 나도 그렇게 쓰려고 애를 쓰는데 통 안되는 걸 보니 당신이 나보다 낫다는 거요.

자. 오랜만에 없는 근거를 끌어내서 칭찬해줬으니 당신도 찬사를 내놓아랏.

욕이나 칭찬이나..

한참 찬사를 늘어놓는다

자. 이제 욕은 다 들었으니 진짜 찬사를 내놓아랏. 예술한다는 게 찬사냣!

그럼 내가 "당신 글을 읽었더니 참 유치한 것이 잘 팔리게 썼더구려. 축하하오" 이래야 찬사냣!

I-로맨스

진산 : 요즘 쓰는 로맨스 2부를 어디 연재할까 고민하다가 마르스를 이름 바꿔서 하는 쪽으로 생각하고 있소.

좌백 : 그러지 말고 I-로맨스라는 사이트라도 만들어서 거기 연재하시오. 당신이랑 한상운 작가랑 초록불님이랑 나랑 거기 로맨스 소설을 연재하는 거요. 어때?

진산 : 그 네 사람이 연재하면 아이로맨스라는 이름이 '나도 로맨스야, 좀 봐 줘'로 보일 거요.

좌백 : 그럼 그 느낌을 희석시키기 위해 박언니가 아는 로맨스 작가들도 연재를 시키는 거요. 거기 섞이면 감춰지지 않을까? (잠시 생각 후) 그래도 안 감춰지겠군.

진산 : 다른 로맨스 작가들이 부탁할지도 몰라. 제발 딴 데로 가 달라고.

좌백 : '따로 로맨스'라는 사이트를 만들어야 할지도.

작가들의 악평

책으로 읽은 경우.
1. 읽은 척 않는다. – 입을 열면 안 좋은 말이 나올 게 뻔하므로.
2. 서문은 잘 썼더라. – 그 외엔 전부 꽝이었다는 뜻.
3. 필명 바꿔라. – 이번 책으로 입은 타격에서 일어나지 못할 것 같은 경우. (농담이 아니라 진지하게 권하는 경우가 있고, 실제로 바꾼 사람도 있다. 하지만 사람이 안 바뀌는데 이름 바꾼다고 뭐가 달라지겠는가)
4. 뒤가 좀 약하더라. – 사실은 앞도 약하고 중간도 약했어, 인마! 소리는 차마 못 한다.
5. 담엔 한번 방향이나 색깔을 바꿔서 써 봐. – 넌 이런 거 참 못 쓰는구나.
6. 표지는 이쁘다. – 2번과 마찬가지 상황. (표지까지 후졌으면 참 할 말이 없다)
7. 여긴 이렇고, 저긴 저렇고……. 미주알고주알……. (10분쯤 말하고 듣다가 둘이 같이 나간다. 술이 잔뜩 취해 돌아오고, 얼굴에 생긴 상처는 술에 취해 넘어져서라고 극구 변명한다)

원고로 읽은 경우.
1. 읽은 척 않는다. – 위 1번과 마찬가지.
2. 일단 계속 써 봐. – 좀더 써서 제대로 안 좋은 게 보이면 그때 씹어 주겠다는 뜻.
3. 일단 계속 써 봐. – 2번과 표현은 같지만 못 썼어도 안 쓰는 것보단 낫잖니. 계속 쓰다 보면 잘 쓸 수도 있겠지 하는 생각이 깔려 있다.
4. 잘 쓰면 재밌겠다. – 지금까진 별로였지만 앞으로는 잘 써 보라는 뜻.
5. 이거 많이 안 진행됐지? – 걱정스럽게 물어본다. 진짜로 걱정하는 경우와 놀리는 경우의 두 가지가 있다.
6. 파기해. – 간단해서 좋다.

7. 여긴 이렇고, 저긴 저렇고……. 미주알고주알……. 위 7번과 같다. 같이 나가서 해결하고 돌아오지 않을 경우, 즉 듣는 사람이 그냥 참고 들은 경우 평생 원수가 되어 두 번 다시 안 만나는 경우가 있다.

특수한 사람, 가령 11번 작가의 경우 누구 글을 읽고 재미없다는 말은 단 한 번도 한 적이 없다. 재미있어, 재밌고……. 근데 이런 부분은 이러면 더 좋지 않을까? 등등……. 말이 길어지면 그냥 파기하는 편이 좋다고 저절로 느끼게 된다.

소수의 특수한 사람은 받아들이는 반응도 특수하다. 5번 작가는 위에 열거된 어떤 악평을 들어도 웃는다. '훗, 질투하는군.' 내지는 '내가 대박 내는 게 두려운 거지!' 그렇게 따진다. 저 모 작가가 마님이라고는 입이 찢어져도 말 못 한다. -_-

죽작가란

진산 : 이달 중에 탈고할 것 같아. 벌써 900매야.
좌백 : 웃, 당신 대단하구려. 그럼 이제 나 글 안 써도 되는 거야? 당신이 돈 벌어다 주는 거지? (난 이참에 전업 주부로 돌아서 볼까?)
진산 : 그건 안 되지. 난 안 팔리는 작가잖소.
좌백 : 괜찮아. 그래도 당신은 '팔리는 거에 비해 고료는 비싼 작가'잖아. (무심코 치명타)

$#%%%%%#$@#$ ← 한바탕 난리가 있은 후.

진산 : 흑, 내가 그렇게 나쁜 작가야? 출판사에 손해만 주는?
좌백 : 나쁜 작가는 아니지. 출판사에서는 '우리 이런 소설도 낸다우' 하고 자랑할 수 있잖아. 돈은 딴 책으로 벌고. (다시 한 번 치명타)

!@#@@##$@@# ← 또 한바탕의 난리가 있은 후.

진산 : 흑, 내가 고료만 비싸게 받고 팔리지도 않는 작가라니……
좌백 : 난 그렇게 말한 적 없어. 팔리는 거에 비해 고료는 비싼 작가라고 했지.
진산 : 그게 그거잖아!
좌백 : 아 다르고 어 다르지. 미묘한 뉘앙스의 차이가 있다고.
진산 : (목을 조르며) 당신 요즘 찬사 스킬이 이상해지고 있어. 상승은 안 하고 점점 깎이고만 있다고. 죽여 버릴 테다!
좌백 : 정공법으로는 한계를 느껴서 변칙 스타일로 나가기로 했소. 무슨 말이건 해 놓고 찬사라고 우기는 거지. (캑캑)

진산 🅐 : (방을 나가며) 흑, 딴 남자한테 가 버릴 테다~!
좌백 🐑 : (진산을 향해 손을 뻗으며) 여보~! 제발 딴 남자한테……, 가 버리시오.

죽을 뻔했다.

호오가 분명하다

좋아하는 일을 못 하는 것은 어떻게 참을 수 있어도 싫어하는 일을 억지로 하는 건 결코 참지 못한다.

9번 작가는 10번 작가와 사이가 안 좋다. 모 출판사에서 주관한 송년회 자리에 9번 작가가 와 있었다. 10번 작가가 늦게 참석해 들어오자 자리에서 일어나는 9번 작가.
"바쁜 일이 생각나서."
얼떨떨하게 바라보고 있는 출판사 편집장을 남겨 두고 10번 작가와 교차해서 집으로 가 버린다.
싫어하는 사람과는 한 테이블에 앉기조차 싫어하기 때문에 벌어진 일이다.

좋아하는 일에 대해서도 이건 작용한다.
전에 음악 시디를 산 적이 있었다. 9번 작가가 빌려 달라고 했다. 그 후로 석 달 동안 그 시디를 안 돌려준다. 하루 종일, 밤낮없이 그것도 딱 한 곡만 듣고 듣고 또 듣는다……. -_-

진산과 나는 방을 (작업실이라지만 24시간 거기서 지내니) 따로 쓴다. 양쪽 다 방문을 열어 놓고 지내기 때문에 서로의 방에서 나는 소리, 특히 음악 소리를 듣게 된다. 진산도 한 곡 좋아하면 하루 종일 그 음악만 듣는다.
사실 나는 더하다. 나는 작년 크리스마스 때부터 지금까지 계속 지저스 크라이스트 슈퍼스타만 듣고 있다. 아는 사람에게 녹화 테이프를 얻은 것을 계기로 정품 비디오테이프를 사고, MP3를 구하고, 아마존에 주문을 넣어 사운드트랙 시디와 영화 DVD를 주문하고……. 어쩌다 외출해도 MP3 플레이어에 전곡 녹음해서 반복해 듣고 듣고 또 듣고…….
그렇게 뽕을 뽑는다.

진산 : 그래도 영어 노래라 따라 부르지 않는 게 다행이야.
좌백 : 내가 언제 노래 따라 불렀다고 그래!
진산 : 따라 불렀잖아! 전인권, 한영애 노래는!
1번 작가 : 아주 괴로웠었지.

그렇다. 나는 좋아하는 노래라면 주야장천 듣다가 자기도 모르게 큰 소리로 따라 부르고, 그걸 기억하지 못한다. 따가닥따가닥 타자 치면서 박자 음정 무시한 노래도 부르다니……. 끔찍한 일이다.

Get out my life~!
- 헤롯의 테마 중에서.

아으

진산이 올린 연재소설을 읽은 후.

진산 : 찬사를 토해내랏!
좌백 : -_- (잠시 고민해 본 후) 아으, 문장의 여왕이시여, 미천한 소인이 찬사를 발하지 아니하여도 그 뛰어남과 수려함은 이미 만방에 널리 인정된 바인 줄로 아뢰오.
진산 : 하필 아으 소리 붙여서. (퍽퍽)

하울의 움직이는 성 2편을 읽고 나눈 대화를 전제로 해야 이해가 되실 듯.

진산 : O를 왜 '아으'라고 번역했나 몰라. 보통은 '오오' 정도로 하는 게 아닌가?
좌백 : 나름 센스 있는 번역 같은데. 그냥 'oh!' 하는 감탄사가 아니라 의식적으로 내보내는 감탄사라는 걸 고려해서 '아으'라고 표현한 것 아니겠소.
진산 : 재미있는 건 '아으' 뒤에 나오는 말들은 모두 거짓말이라는 거지. 악의 없는 거짓말, 혹은 과장된 예의 같은.

글이 안 써지는 이유

진산 : 여보, 요즘 내가 글이 안 써지는 이유를 알았소.
좌백 : 뭔데?
진산 : 어떻게 들으면 예전에 말한 "글이 늘려나 봐요."보다 더 뻔뻔하게 들릴 텐데……. 요즘은 평범한 문장을 쓰기 싫다오. 말하자면 문장 하나하나에 예술 혼을 담아 쓰고 싶다고나 할까……. 자연 글이 안 써지지.
좌백 : 순문학계로나 가 버려랏!
진산 : 싫댓! 그거 핑계로 계속 놀 테댓!
좌백 : ……나도 글이 안 써지는 이유를 알았소. 누군가 인터넷에 올린 글을 봤는데……, '좌백은 돈 궁하지 않으면 글 안 쓴다. 회사 망하기 전엔 안 쓸 거다.' 라는 거요. 절로 고개가 끄덕여지더구려. '이 친구, 날 제대로 보고 있네!' 하고.

마감은 괴로워

11번 작가가 출판사와 통화하고 있다.
11번 작가 : 예, 거의 다 됐어요. 마무리만 조금 더 쓰면 되는데 그게 잘 안 풀리네요. 한 사흘쯤 걸릴 것 같아요. 아, 그 담날이 일요일이군요. 일요일은 쉬실 테니까 월요일에 보내 드릴게요. 아, 진짜라니까요.

듣고 있던 나는 4번 작가에게 묻는다.
좌백 ⏰ : 많이 썼나 봐요? 5일 후에 준다는 걸 보니. (일요일 지나고 월요일에 준다면 보통은 아침이라고 생각하지만 이미 경험이 많은 우리는 당연히 월요일 밤이라고 생각한다. 보통은 그 다음 날 새벽이다)
4번 작가 : (태연히) 음……, 5일 후 정도 이야기하는 걸 보니 이제 앞부분 좀 쓰긴 했나 보죠.
좌백 ⏰ : 그렇군요……. -_- (출판사 사람들을 동정하게 된다)

12번 작가가 전화를 받았다.
12번 작가 : 아, 13번요? 잠시만요. (돌아서서 보고 있던 13번에게 말한다) 전화 왔어.
13번 작가 : 어딘데?
12번 작가 : 출판사.
13번 작가 : (일어나서 나간다) 나 없다 그래. 어디 갔는지 모른다고 그래.
12번 작가 : 야! 지금 이 이야기 다 들었어! 수화기 안 막았다구!
13번 작가 : (이미 안 보인다)
12번 작가 : (수화기를 들고 땀을 흘린다) 나 어떻게 해?
보고 있던 다른 작가들 : 그냥 전화에 대고 말해. "다 들으셨죠? 들으신 대로

예요."라고.
13번 작가는 그 후 며칠간 잠적했다. 아무도 그가 간 곳을 모른다.

9번 작가가 전화를 받았다.
9번 작가 : 아직 덜 썼어요. 언제 끝나냐고요? 모르겠어요. 써 봐야 알죠. 예? 출간 계획이요? 그런 거 잡지 마세요……. -_- 끝나면 연락 드릴 테니까 기다리세요. 아, 그리고요……, 전화하고 그러면 신경 쓰이니까 제가 먼저 전화할 때까지 연락하지 마세요. 예, 끊을게요.

5번 작가가 전화를 받았다.
5번 작가 : 안녕하세요, 요즘 잘 지내시죠? ……그렇죠 뭐, 하하……. 참 누구 소식 들었어요? 이러저러한 일이 있었대요. 참 신기한 일도 다 있어요. 예? 뭐 그렇죠……. 누구 소식은 들었어요? 어쩌구저쩌구하더라구요. 아, 말이 길어졌네. 예, 오랜만에 통화해서 반가웠구요, 원고는 나중에 드릴게요. 안녕히 계세요. (끊는다)
5번 작가 : 휴~, 말 돌리느라 혼났네. (땀을 닦는다)

뻔뻔함의 정도는 인기도와 상관없다. 얼굴 두께와는 상관이 있을지도 모른다.

메일

'이번 약속은 꼭 지켜 주셔야 합니다!' 라는 제목의 메일이 왔다.
보는 순간 심장이 내려앉는 것 같은 충격을 느꼈다. 오늘까지 주기로 한 원고를 새벽인 지금도 다 못 썼기 때문이다. 세 번째 약속인데 앞의 두 번은 어겼으니 이번만은……. 아니, 어쩌면 이번까지는……, 어겨도 괜찮지 않을까……? -_- 이런 생각을 하고 있는데 저 메일이 온 것이다.
젠장, 눈치도 빠르지……. 투덜거리며 클릭.

스팸 메일이었다. 분노가 치밀면서도 한편 안도가 되는 복잡한 심경이라니…….

그리고 마지막 이야기

이렇게 부부만담의 모든 이야기가 끝났다. 세상에서 가장 특별하고 또 세상에서 가장 평범한 부부의 이야기가.
하지만 정말 모든 이야기가 끝난 걸까?
'부부만담 : 아내로부터 살아남는 방법'의 편집이 끝난 후 좌백의 블로그에 들렀더니 이런 이야기가 올라와 있었다.

자립

자다가 깨서 진산 방에 가 보니 뭔가 먹고 있었다.

좌백 ⓒ : 뭐 먹는 거야?
진산 Ⓐ : 양송이덮밥. (인스턴트 소스를 사용해서 만든 거다)
좌백 ⓒ : (엄지를 세우며) 오, 훌륭하군. 이제 나 없이도 혼자 살 수 있겠구려.
진산 Ⓐ : (중지를 세우며) 필요 없게 된 참에 죽여 주마. 이리 왓!

역시 이야기는 끝나지 않았고 마님의 위대함은 그 끝을 모른다. -_-b

사실 부부만담에 실린 모든 이야기들은 꼭 좌백과 진산이 아니더라도 모든 부부가 가지고 있는 이야기일지도 모른다. 그리고 좌백이 머리말에서 이야기한 대로 '하나하나 다르다는 점에서는 남 못지않게 특별한, 그러나 10억 쌍이나 있다는 점에서는 남만큼 평범한' 그런 이야기일 수도 있다. 하지만 이 모든 이야기가 아주 특별하고 유별나게 보이는 이유는 뭘까? 그건 이 모든 이야기에 진산에 대한 좌백의 사랑이, 좌백에 대한 진산의 사랑이 그 밑바탕에 깔려 있기 때문이다. 그리고 그 사랑이 이 모든 이야기들을 아주 특별하고 유별나게 만들기 때문이다. 우리는 깨달을 수 있다. 제목에서 이야기한 '아내로부터 살아남는 유일한 방법'이란 바로 아내에 대한 믿음과 사랑이라는 것을. 못 믿겠다고? 뭔가 좀 닭살스럽고 뭔가 좀 민망하고 어딘가 좀 종교적이고 어딘가 좀 이상하긴 하지만 믿어라. -_-
대한민국에서 가장 많은 로맨스 소설을 내지도 못하고 대한민국에서 가장 잘 팔리는 로맨스 소설을 만들지도 못하지만, 대한민국에서 로맨스 소설에 대해 가장 많은 애정을 가지고 있다고 자부하고 남녀 간의 사랑 이야기에 대해 가장 잘 안다고 자부하는(쿨럭) 대한민국 대표 로맨스 출판사 편집장이 하는 이야기니까. -_-

그래도 못 믿겠다고? 그런 사랑이 안 보인다고? 그저 보이는 건 한 마님이 한 삼돌이를 착취하고 핍박하는 이야기일 뿐이라고? 만약 그렇다면 책을 내려놓고 마음을 경건하게 먹고 목욕재계한 후에 이 책의 첫 장부터 다시 차근차근 읽어 보길 권한다. 그럼 어느 순간 느낄 수 있을 것이다. 첫 장부터 마지막 장까지 가득 차 있는 그 사랑의 아우라를. 한 남자가 한 여자를 얼마나 사랑하는지, 한 여자가 한 남자를 얼마나 사랑하는지를.
만약 그래도 못 느끼고 그저 이 책이 아내로부터 살아남으려 몸부림치는 한 남편의 처절한 투쟁기로만 느껴진다면……, 미안, 당신이 옳을 수도 있다.

하지만 한 가지는 확실하다. 이 책을 사랑에 대한 이야기로 읽든, 처절한 투쟁기로 읽든 당신은 이미 알게 되었다. 아내로부터 살아남으려면 무엇이 필요한지를. 그것이 사랑이든 복종이든, 아님 그 무엇이든……. 그리고 그렇게 사는 것이 정말 정치적으로 공정하고 올바른 가정생활의 지침이란 것을.